SE PROTÉGER, C'EST GAGNER

L'indispensable manuel de *self-defense* et de survie juridique

Du même auteur

Tout pour se défendre !, corédigé avec Olivier Cousi, Robert Laffont, 2021.

SARAH SALDMANN

SE PROTÉGER, C'EST GAGNER

L'indispensable manuel de *self-defense* et de survie juridique

Robert Laffont

ISBN : 978-2-221-26791-2
Dépôt légal : avril 2023
Éditions Robert Laffont – 92, avenue de France 75013 Paris

À ma grand-mère.

Recommandations

Les conseils proposés dans ce livre n'ont pas vocation à remplacer une consultation juridique auprès d'un professionnel. Compte tenu de la diversité des situations, cet ouvrage ne peut donc en aucun cas se substituer à un rendez-vous, à une expertise, à une consultation chez un avocat. J'ai seulement souhaité apporter des pistes de réponse pour que chacun ait les clés pour apprendre à se défendre dans sa vie quotidienne.

Le droit évolue continuellement. Il n'est donc pas recommandé de s'identifier intégralement aux exemples cités. Chaque situation est personnelle et nécessite une expertise singulière. Quel que soit votre cas, seul un professionnel du droit peut vous orienter juridiquement.

Les articles cités en bibliographie ne sont pas exhaustifs et ne remplacent pas les codes et ouvrages. Ce livre tient compte du droit tel qu'il existe au moment de sa rédaction. Celle-ci s'est achevée au début de l'année 2023.

Prologue

Le droit est présent dans tous les aspects de notre vie. Au sein de nos familles, dans le monde professionnel ou en tant que citoyens, nous en sommes des sujets. Même sans avoir directement affaire à la justice, chaque jour, nous nous voyons confrontés à des choix qui appellent des considérations juridiques. La santé, l'argent, le couple, les enfants sont autant de facettes de nos existences dont le fonctionnement est régi – de près – par le droit. Une fois que l'on en prend conscience, il est plus simple d'anticiper les problèmes et de prendre les décisions permettant de défendre nos intérêts, plutôt que d'affronter ce qui peut survenir dans l'ignorance des droits et textes, au risque d'y perdre beaucoup.

Or, le droit est souvent perçu comme un champ complexe, inaccessible aux profanes. Si nul n'est censé ignorer la loi, force est d'admettre qu'il est parfois difficile de s'y retrouver. S'orienter dans le « labyrinthe juridique » serait-il le privilège d'une certaine élite ? Dans ce livre, je m'attache à montrer au contraire que le droit est l'affaire de tous. Au terme de votre lecture, vous aurez acquis – du moins, je l'espère – ces bons réflexes de prévention juridique qu'il faut appliquer dans la vie quotidienne.

L'objectif de cet ouvrage est également de donner les clés qui vous aideront à ne plus vous faire avoir, et à sortir gagnant de toutes les situations, que vous cherchiez à négocier un contrat, à divorcer, à louer un logement ou encore à vous faire indemniser en cas de préjudice. Parfois, nous subissons des torts qui nous semblent inévitables, alors que nous avons en réalité le droit – et le choix – de retourner la situation à notre avantage ! Saisissons cette chance.

En somme, ce livre est l'occasion de répondre aux multiples questions que l'on n'ose pas toujours formuler à voix haute, celles que l'on tape secrètement dans un moteur de recherche pour n'obtenir, souvent, que des réponses approximatives, celles que l'on pose à demi-mot à son avocat alors qu'on devrait pouvoir, en vertu du secret professionnel, s'informer en toute franchise. Il peut s'agir des moyens d'obtenir de l'argent lors d'un divorce, des stratagèmes de défense à employer en cas de litige, des pièges à éviter au cours d'un processus de recrutement... Toutes ces interrogations, y compris – et surtout – les plus embarrassantes, je vais les aborder sans détour.

Enfin, ce manuel d'autodéfense vise à lutter contre l'exclusion juridique à tout niveau, pour les particuliers comme pour les professionnels. En intégrant les bons automatismes et en maîtrisant vos droits, vous serez en mesure de vous protéger et de trouver des solutions rapides et efficaces aux tracas juridiques. Comme vous aurez un coup d'avance, il ne tiendra alors qu'à vous de tirer le meilleur parti de l'incroyable variété de situations que vous allez rencontrer.

PREMIÈRE PARTIE

La vie quotidienne

Si j'ai choisi d'axer cette première partie autour de multiples aspects de la vie quotidienne, c'est parce que celle-ci regorge de situations où le droit joue un rôle prépondérant. Souscrire un abonnement, vendre un bien d'occasion, louer une maison de vacances... Chacun de ces actes, quoique banal en apparence, est régi par des règles précises et fait intervenir des notions juridiques fondamentales.

Heureusement, il n'est pas nécessairement besoin d'être juriste pour se défendre face à un commerçant malhonnête ou face à un locataire peu scrupuleux. La plupart du temps, connaître ses droits et assumer de les exercer permet d'éviter bien des embûches. Suivez ces conseils variés qui peuvent vous rendre plus facile la vie de tous les jours !

1

Les bons réflexes pour ne plus se faire pigeonner

Banque, Internet, téléphonie mobile, électricité : prendre l'habitude de tout négocier pour payer moins cher

Au cours de notre vie, nous concluons nombre de contrats divers et variés – que ce soit sur papier ou *via* les systèmes de validation électroniques qui se répandent. Or beaucoup d'entre nous ont la fâcheuse habitude de signer sans avoir lu les termes de l'accord ni rien négocier. Comme si les documents étaient imposés avec une marge de manœuvre inexistante. Il est alors normal de se sentir vulnérable. Pourtant, pour peu que l'on adopte les bons réflexes, le rapport de force peut s'inverser.

La première chose à faire est de comparer les différentes offres qui existent sur le marché. Par exemple, dans le cas de la téléphonie mobile, prenez le temps de vous renseigner afin de savoir quel tarif propose chaque opérateur pour le forfait qui vous intéresse. Vous serez alors en position de faire jouer la concurrence au moment de souscrire.

Il est également important de montrer que vous n'êtes pas dans l'urgence, et que vous êtes conscient des différentes options qui s'offrent à vous. Lors de l'ouverture d'un compte bancaire, vous pouvez tout à fait demander un geste commercial, comme l'exonération des frais de carte bleue la première année. Rien ne vous empêche ensuite de réitérer cette demande la deuxième année, en expliquant qu'en cas de refus, vous changerez de banque pour bénéficier d'une autre année gratuite. Évidemment, votre pouvoir de négociation sera plus important si vous n'êtes pas à découvert !

Enfin, vous pouvez miser sur les demandes de parrainage. Par exemple, dans certains établissements bancaires ou encore chez certains fournisseurs d'énergie, il est possible de bénéficier de réductions en parrainant des personnes de votre entourage.

N'oubliez pas la date d'anniversaire de vos contrats !

Certains contrats ne sont résiliables que dans une fenêtre temporelle précise, par exemple durant les quinze jours qui précèdent leur renouvellement automatique. Une fois la date limite passée, on repart en théorie pour un an de paiements. Cela explique que tellement de gens continuent d'être débités pour un abonnement à un club de sport qu'ils ne fréquentent plus !

Voici un conseil pratique : afin d'éviter ces dépenses inutiles, il est sage de programmer un rappel annuel dans son agenda lors de la souscription d'un contrat. Par exemple, pour un contrat souscrit le 20 janvier, on prévoira une alerte au 5 janvier de l'année suivante. Il convient également de vérifier les modalités de résiliation : généralement, cela se fait par lettre recommandée avec accusé de réception.

Dans le cas des opérateurs téléphoniques, il est conseillé d'appeler quelques jours avant la date d'anniversaire de la souscription, et d'annoncer que vous souhaitez changer de fournisseur afin de bénéficier d'un tarif plus bas. Dans la plupart des cas, votre interlocuteur trouvera miraculeusement une offre plus avantageuse ! Bien entendu, il vaut mieux se renseigner en amont sur les offres concurrentes afin d'avoir des arguments.

Comment ne pas se faire arnaquer par une auto-école ?

Les personnes qui conduisent sans permis brandissent parfois, pour se défendre, l'argument du coût de cet examen. Rouler sans permis est bien sûr excessivement risqué, mais il est vrai que la somme à engager afin d'obtenir le fameux sésame n'est pas négligeable. Comment rester dans la légalité sans se ruiner ?

Là encore, ne pas se précipiter sur la première auto-école venue, mais comparer les offres. Généralement, celles-ci se présentent comme des formules incluant le passage du Code de la route ainsi que 20 à 30 heures de conduite. Il se trouve que passer le code en candidat libre coûte 30 euros : vous êtes donc libre de régler cette formalité de votre côté, et de négocier ensuite uniquement les heures de conduite.

Certains candidats au permis roulent sur des parkings ou dans des endroits peu fréquentés. Cette pratique est tentante, car elle permet de s'entraîner sans limite et sans frais, mais elle est risquée en cas d'accident – puisque le conducteur ne sera pas assuré – et, surtout, constitue un délit, car il n'a pas encore son permis. Par conséquent, il est beaucoup plus avisé d'opter pour la conduite accompagnée.

Comment choisir son assurance ?

Certaines assurances sont facultatives et dépendent entièrement de vos besoins : c'est par exemple le cas de l'assurance juridique. D'autres sont obligatoires, à l'instar de celles qui concernent le logement ou le véhicule, mais cela n'empêche pas de rechercher l'offre la plus intéressante. De manière générale, il convient de toujours vérifier en détail les conditions d'indemnisation et les plafonds financiers. Trop de gens pensent être suffisamment couverts et s'aperçoivent, le jour où ils subissent un préjudice ou un sinistre, que leur assurance ne leur sert à rien.

C'est parfois le cas lors des cambriolages. Si vous subissez un vol avec effraction, ne touchez à rien et attendez l'arrivée des forces de l'ordre. Il vous faudra ensuite déposer plainte auprès d'une brigade de gendarmerie, d'un commissariat, ou directement auprès du procureur de la République au moyen d'un courrier. Comme l'attente est parfois longue, n'hésitez pas à effectuer une préplainte en ligne : il s'agit de renseigner son identité et de décrire les faits sur une plateforme dédiée, accessible en tapant « préplainte » dans n'importe quel moteur de recherche. Vous n'aurez à vous déplacer que pour relire et signer le document.

Ensuite, il faudra contacter votre assurance dans un délai de deux jours ouvrés à compter de la découverte du cambriolage, et dresser la liste des objets dérobés en joignant les factures correspondantes[1]. Si vous ne parvenez pas à établir un inventaire précis dans ce laps de temps, vous pourrez l'envoyer ultérieurement : il faudra néanmoins vérifier le

1. Article L. 113-2 du Code des assurances.

délai maximal dans votre contrat. Il peut être utile d'ajouter des photographies à votre dossier, par exemple des clichés de vous portant un bracelet ou une bague de valeur si ce bijou a été volé. Enfin, on vous demandera la copie du récépissé du dépôt de plainte ainsi qu'un rapide descriptif de la situation.

Le fait d'avoir été cambriolé provoquant souvent un sentiment d'urgence et de panique, mieux vaut s'épargner des sueurs froides supplémentaires en préparant, par précaution, une liste des objets de valeur que l'on possède, et en réunissant les factures correspondantes. On peut conserver ces documents à la fois en version numérique et imprimée pour plus de sûreté.

Le plafond d'indemnisation de votre assurance est généralement fixé en fonction de la valeur des biens que vous souhaitez protéger. N'omettez pas de le renégocier à chaque nouvelle acquisition d'un bien de valeur, sans quoi, en cas de cambriolage, la perte subie ne serait pas intégralement remboursée.

La situation est très différente en cas de vol sans effraction. Si vous ne fermez pas votre porte ou laissez vos clés sous le paillasson, en règle générale, vous ne serez pas indemnisé. Soyez dès lors vigilant, qui plus est lorsque vous habitez un rez-de-chaussée, et surtout quand il fait très chaud et qu'une fenêtre ouverte est vite oubliée. D'autres exclusions du même type figurent généralement par défaut dans tous les contrats d'assurance : c'est le cas des vols ou cambriolages commis par certains membres de la famille de l'assuré, non couverts en vertu de l'« immunité familiale[1] ».

1. Article 311-12 du Code pénal.

Faut-il souscrire une assurance protection juridique ?

Une assurance protection juridique a pour but de couvrir, sous certaines conditions, les éventuelles dépenses liées à des frais de justice, par exemple les honoraires d'avocat. En cas de besoin, l'assurance communique parfois le nom d'un professionnel du droit, même si elle ne peut rien imposer. Les documents demandés en vue de la prise en charge sont, en général, la convention d'honoraires et la facture relative à la prestation sollicitée.

En pratique, il n'est pas aisé de savoir si l'on aura un jour besoin d'un avocat, à moins d'être très procédurier ou d'être entouré de gens qui le sont. Comme dans tout contrat aléatoire, vous prenez le risque de payer mois après mois cette assurance protection juridique, sans jamais en avoir l'utilité concrète.

Cette dernière est néanmoins utile dans diverses situations et couvre selon les cas une part non négligeable des honoraires. Certaines personnes que j'ai représentées devant un tribunal correctionnel se sont par exemple vu rembourser un tiers de leurs frais. Le montant varie selon le contrat initial, et tous les domaines ne sont pas nécessairement pris en charge – parfois, les procédures en matière familiale le sont, mais ce n'est pas systématique. Dans tous les cas, il est important d'examiner les clauses en détail pour savoir à quoi s'en tenir.

Peut-on ne pas payer son coiffeur après une coupe ratée ?

« Ça vous plaît ? » « Oui, parfait ! » Vous faites peut-être partie du grand nombre de gens qui assurent au coiffeur être satisfaits de leur nouvelle coupe, alors que ce n'est pas le cas. Comme moi, n'ayez pas peur d'affirmer votre mécontentement en cas de « raté ». Dans ces conditions, la question du paiement se pose.

Précisons d'emblée que le coiffeur est tenu par une obligation de moyens, et non de résultat. Cela signifie qu'il doit tout mettre en œuvre pour vous contenter, mais sans garantie d'atteindre le résultat escompté. La plupart du temps, il n'est donc pas possible de vous faire rembourser, même si vous vous retrouvez avec 15 centimètres de longueur en moins après avoir demandé que l'on ne coupe « que les pointes ».

En revanche, le coiffeur est tenu à une obligation d'information à votre égard. Si vous parvenez à démontrer qu'il n'a pas respecté celle-ci, un recours peut être envisagé. À titre d'exemple, les prix doivent toujours être affichés[1] ; si ce n'est pas le cas, vous êtes en droit de contester la facture. Une réclamation peut aussi être faite en cas de « vrai raté » – une couleur qui tourne à l'orange au lieu du blond –, si vous n'avez pas été informé du risque et que toutes les précautions n'ont pas été prises.

Dans tous les cas, il est recommandé de chercher d'abord une issue amiable avec le professionnel. Si cela n'aboutit pas, il vous reste l'option de lui envoyer une mise en demeure par lettre recommandée avec accusé de réception.

Mauvais restaurant : faut-il régler l'addition ?

Lorsqu'on se rend au restaurant pour passer un moment convivial, on est en droit d'attendre un accueil agréable et des plats de qualité. Il arrive que l'on soit déçu par le

1. Arrêté du 27 mars 1987 relatif à la publicité des tarifs de coiffure.

service, auquel cas il est possible d'en faire la remarque au serveur, mais que faire quand la nourriture laisse à désirer ?

Si vous avez terminé votre plat, vous devez le payer. Techniquement, refuser de régler l'addition n'équivaut pas à un vol, puisqu'on vous a servi. En revanche, cela peut constituer un délit de « filouterie alimentaire », sanctionné par une peine allant jusqu'à 6 mois d'emprisonnement et 7 500 euros d'amende[1]. Face à une nourriture médiocre, cessez de manger après la première bouchée : finir votre assiette et vous plaindre ensuite relèverait de la mauvaise foi ! En général, le restaurateur vous proposera de choisir autre chose sur la carte et ne comptera pas dans l'addition le plat auquel vous n'avez presque pas touché.

Non contents de servir des aliments fades, certains établissements s'affranchissent des normes de propreté en vigueur, ce qui est beaucoup plus grave. Dans ce cas de figure, les organismes à saisir sont notamment les services d'hygiène, ou la Direction générale de la concurrence, de la consommation et de la répression des fraudes (DGCCRF).

Enfin, si la qualité des plats n'est pas en cause mais que le restaurateur a commis une faute entraînant un préjudice, il est normal d'exiger un dédommagement : un serveur qui a renversé du vin sur la chemise blanche d'un client ne s'offusquera pas que celui-ci réclame le remboursement des frais de pressing.

1. Article 313-5 du Code pénal.

Serrurier, plombier : les bons réflexes pour éviter des prix exorbitants

En 2019, 64 % des sociétés de dépannage présentaient des « anomalies » dans le fonctionnement de leur activité, selon la DGCCRF[1]. Pourtant, que l'on ait oublié sa clé chez soi ou que l'on constate une fuite dans la salle de bains, ces professionnels sont souvent les premiers interlocuteurs vers qui l'on se tourne. Outre la nécessité de régler le problème au plus vite, la totale ignorance des particuliers en matière de réparations les incite à s'en remettre à ce type de « spécialistes » – ou parfois prétendus tels – prêts à intervenir dans l'heure.

À moins que le sinistre ne soit extrêmement urgent, le réflexe à adopter est de contacter en premier lieu son assurance pour savoir si une prise en charge est envisageable. Si tel est le cas, il est préférable d'obtenir sur ce point un accord écrit. Une autre solution consiste à se rapprocher du syndic de l'immeuble : dans certains cas, celui-ci se charge d'envoyer une équipe de professionnels qu'il connaît sur place, limitant – voire évitant – ainsi toute dépense. Dès lors, même quand le sinistre concerné n'est pas couvert, les documents publicitaires proposant une liste de professionnels de dépannage à domicile sont à fuir. Ces petites fiches cartonnées de « numéros utiles » glissées dans toutes les boîtes aux lettres sont très souvent des arnaques, et les prestations généralement surfacturées.

Une fois qu'un professionnel a été identifié, et quelle que soit la gravité de la situation, l'obtention d'un devis

1. « Dépannage à domicile : des pratiques abusives onéreuses pour les consommateurs », Minsitère de l'Économie, des Finances et de la Souveraineté industrielle et numérique, economis.gouv.fr, 25 février 2021.

est indispensable. En ce qui me concerne, le jour où j'ai rencontré un problème de plomberie – un domaine auquel je ne connais rien –, j'ai contacté plusieurs spécialistes et constaté que les prix variaient du simple au triple ! J'ai donc fait jouer la concurrence. Des plateformes en ligne comme MesDepanneurs.fr ou encore Travaux.com permettent de comparer très facilement les prix pratiqués par différents prestataires.

À la réception d'un devis, certaines mentions doivent faire l'objet d'une attention particulière : c'est naturellement le cas du montant hors taxes (HT) et du montant toutes taxes comprises (TTC), mais aussi de la date, du nom et de l'adresse de la société, de la durée estimée de la prestation, de la date de début d'intervention et du détail du prix. Quant à la facture, son émission est obligatoire au-delà de 25 euros TTC[1].

Certains professionnels qui interviennent dans des situations d'urgence profitent de l'occasion pour suggérer d'engager d'autres travaux et soumettre des contrats. Le client dispose alors d'un droit de rétractation. Cela permet de réfléchir à tête reposée et d'apprécier la fiabilité des propositions. Des services complémentaires peuvent également être proposés, de manière plus ou moins insistante, par le biais d'un démarchage téléphonique : il convient alors de ne pas se laisser convaincre trop facilement et de garder en tête que le Code de la consommation interdit aux professionnels d'abuser de l'état d'ignorance d'une personne pour obtenir des engagements[2]. En cas de litige, l'un des interlocuteurs est la DGCCRF.

1. Article 1, arrêté n° 83-50/A du 3 octobre 1983 relatif à la publicité des prix de tous les services.

2. Articles L. 121-8 à L. 121-10 du Code de la consommation.

2

Savoir se servir d'Internet et des réseaux sociaux

Acheter et vendre d'occasion sur Internet sans se faire avoir

Internet faisant l'objet d'une utilisation de plus en plus massive, il est aujourd'hui possible d'acheter à peu près n'importe quoi en ligne, y compris des biens d'occasion. L'achat de seconde main est écologique, et il permet à l'acheteur comme au vendeur de faire de réelles économies.

Des sites comme Leboncoin ont su tirer parti de ces nouveaux modes de consommation et, ne prélevant pas de commission, connaissent un franc succès. Les transactions y ont presque exclusivement lieu entre particuliers. Une certaine vigilance est donc de mise : demander une facture peut par exemple s'avérer utile, car dans l'hypothèse où l'objet est volé, l'acheteur pourrait se rendre malgré lui coupable de recel. Il convient également de réclamer autant de précisions et de photographies que possible.

Le paiement intervient par l'intermédiaire de la plateforme ou, dans le cas d'une remise en main propre, directement en espèces – il est alors recommandé de rencontrer l'autre partie dans un lieu public pour éviter les éventuelles agressions. Lors de la vente d'un bien onéreux, n'hésitez pas non plus à donner rendez-vous à l'acheteur dans un café. Vous éviterez ainsi qu'il ne parte en courant avec l'objet sans vous payer ! Si vous faites l'acquisition d'un bien et que celui-ci s'avère défectueux, vous aurez malheureusement peu de recours amiables, surtout si la ou le vendeur ne vous a pas donné sa véritable identité. Ce désagrément peut être évité en rédigeant un écrit en amont, afin d'attester qu'une vente a eu lieu – en particulier si le montant excède 1 500 euros[1].

Il existe des plateformes qui prélèvent des commissions sur les transactions : c'est le cas d'eBay, ou encore de Vinted. À l'exception des denrées alimentaires et des produits d'hygiène déjà utilisés, quasiment tous les produits y sont autorisés à la vente. Ces plateformes sont très protectrices envers les acheteurs, qui se voient remboursés en cas de doute fondé sur l'authenticité d'un produit ou de problème de livraison. À la réception d'une commande, filmer l'ouverture du colis est un moyen efficace d'attester d'une éventuelle incohérence entre ce qui a été réceptionné et ce que le vendeur affirme avoir envoyé, à plus forte raison si le bien a une certaine valeur.

Les marchés en ligne de biens d'occasion sont généralement moins coopératifs avec les vendeurs qu'avec les acheteurs. Afin de remédier à ce déséquilibre, lorsqu'on est « de l'autre côté », il convient de se montrer minutieux dans la rédaction des annonces et, lorsque c'est possible, de se munir d'une preuve d'achat, voire d'un certificat d'authenticité s'il s'agit d'un produit de marque.

Acheteur ou vendeur, en cas de désaccord avec l'autre partie, la bonne marche à suivre est de déposer par courrier recommandé une réclamation auprès de la plateforme concernée, après vérification des conditions générales de vente.

1. Article 1359 du Code civil.

Mon colis n'a jamais été livré, que faire ?

Nous sommes de plus en plus nombreux à effectuer régulièrement des achats en ligne : en 2021, 86,4 % des personnes âgées de 30 à 44 ans ont rapporté avoir réalisé au moins une transaction sur Internet au cours des douze derniers mois[1]. Désormais banal, ce mode de consommation comporte néanmoins son lot d'avantages et d'inconvénients. Outre la qualité du produit commandé, la livraison fait l'objet de certaines attentes. S'il est suffisamment désagréable d'attendre un colis entre 9 heures et 18 heures sans horaires plus précis que cette large fourchette, il arrive que l'on ne reçoive pas sa commande du tout alors qu'on l'a payée. Dans ce cas, il convient d'agir rapidement pour que le préjudice soit réparé.

Sachez que le vendeur est responsable de la bonne exécution des obligations résultant du contrat de vente conclu à distance, y compris de la livraison, même si celle-ci est confiée à un prestataire[2]. Il est donc tenu de préciser le délai de livraison. Dans l'hypothèse où aucune date n'est annoncée, le vendeur est passible d'une amende de 3 000 euros si c'est une personne physique, et de 15 000 euros s'il s'agit d'une personne morale[3], par exemple une entreprise. En cas de non-livraison, la première chose à faire est donc de se retourner contre le vendeur et de lui expliquer la situation. En général, il procédera à un remboursement ou proposera de reprogrammer l'envoi.

1. « Achat sur l'internet selon l'âge. Données annuelles de 2009 à 2021 », Insee, 9 mars 2022.

2. Article L. 221-15 du Code de la consommation.

3. Article L. 131-1 du Code de la consommation.

Supposons maintenant qu'un colis a été égaré et que le vendeur et le transporteur, désireux de s'exonérer de toute responsabilité, se renvoient mutuellement la faute. L'acheteur est en droit de rappeler au premier, idéalement par écrit, que la responsabilité lui incombe. Cela vaut également pour un paquet marqué comme ayant été livré, par exemple au gardien d'immeuble, alors qu'il n'en est rien en réalité. Cela m'est déjà arrivé à deux reprises avec la plateforme Amazon et, dans les deux cas, une nouvelle livraison a été programmée sans difficulté.

Si, malgré de multiples relances, vous êtes confronté à un vendeur qui ne réagit pas, référez-vous aux conditions générales de vente – que vous n'avez probablement pas lues au moment de la conclusion du contrat à distance – et cherchez une clause résolutoire permettant de casser l'accord en cas de manquement. Le vendeur n'a pas respecté son obligation de livraison : il suffit d'une mise en demeure, adressée par lettre recommandée avec accusé de réception et mentionnant l'article prévoyant la clause résolutoire, pour annuler la vente. À défaut, vous pouvez tout de même adresser un courrier de réclamation en demandant un remboursement et, dans le cas le plus extrême, envisager une action juridique, mais soyons réalistes : le bénéfice potentiel n'en vaut pas toujours la peine au regard du coût.

Maîtriser ses droits quand on achète en ligne

Choix quasiment illimité, comparaison facile entre différents produits, paiement instantané… Les adeptes du shopping en ligne ne manquent pas d'arguments, mais en consommant ainsi « à l'aveugle », ils s'exposent au risque d'être déçus au moment de la livraison. Quels sont alors les droits qui s'appliquent, et comment les exercer ?

Dans la plupart des cas, l'acheteur dispose d'un droit de rétractation de 14 jours à compter de la réception d'une commande[1]. Pendant ces 14 jours, il est libre de retourner tout article qui ne lui convient pas. Cela vaut, par exemple, pour un vêtement qui ne taille pas comme prévu : dans ce cas, il ne faut pas enlever l'étiquette.

Il existe cependant des exceptions à ce droit de rétractation. C'est le cas des commandes personnalisées : une jupe taillée sur mesure, une bouteille de parfum gravée au nom de l'acheteur... Les éléments faisant partie d'un tout, comme le pied d'un meuble à monter soi-même, ne sont eux non plus ni échangeables ni remboursables[2].

S'agissant des prestations de service, il est là encore possible de changer d'avis dans les 14 jours suivant la conclusion du contrat[3]. Cela vaut notamment pour les contrats de fourniture d'eau, de gaz ou d'électricité – qui, précisons-le, ne doivent pas être conditionnés à un volume ni à une quantité déterminée. Pour la vente de biens, ce délai court à compter de la réception dudit bien. Le prestataire est tenu d'informer le client de ce droit de rétractation : les 14 jours ne commencent d'ailleurs à courir qu'au moment où il le fait. En cas d'omission, un délai supplémentaire de 12 mois s'applique. L'autre obligation qui incombe au vendeur, en cas de rétractation, est de procéder au remboursement sous 14 jours. En cas de retard, la somme à restituer sera majorée par des intérêts[4].

Si vous avez affaire à une enseigne réputée et que vous ne parvenez pas à vous faire rembourser un article, sachez que la plupart des marques sont très soucieuses de leur

1. Article L. 221-18 du Code de la consommation.
2. Article L. 221-28 du Code de la consommation.
3. Article L. 221-18 du Code de la consommation.
4. Article L. 242-4 du Code de la consommation.

réputation en ligne. Un client qui se plaint sur les réseaux sociaux aura de grandes chances d'obtenir gain de cause, tandis que la voie officielle se transforme parfois en impasse. Néanmoins, les commentaires en ligne ne doivent pas être utilisés comme un instrument de chantage : une fois votre mécontentement rendu public, soyez honnête et informez votre communauté du dénouement, quel qu'il soit.

Ventes en ligne : les montants sont-ils plafonnés ?

Une idée reçue veut que la vente de biens personnels en ligne soit complètement libre et non imposable. Après tout, il s'agit d'objets qui nous appartiennent !

En réalité, depuis quelques années, les plateformes en ligne comme eBay ou Leboncoin ont l'obligation de transmettre à l'administration fiscale le montant généré par les ventes des particuliers, sous certaines conditions[1]. À chaque transaction, une information sur les obligations fiscales et sociales incombant aux personnes qui réalisent des transactions commerciales est transmise[2] : si le montant total dépasse 3 000 euros et que plus de 20 transactions ont été réalisées, une déclaration sera faite[3]. La transmission des informations aura également lieu pour toute vente supérieure à 5 000 euros, à l'exception notamment des voitures, de l'électroménager et des meubles.

Certains vendeurs, cherchant à contourner ce système, demandent à être réglés en espèces lors d'une remise en main propre. Si vous êtes tenté de faire de même, ayez

1. Loi n° 2018-898 contre la fraude du 23 octobre 2018.

2. Article 242 bis du Code général des impôts.

3. « Comment déclarer mes revenus d'activités annexes telles que le covoiturage, la location de biens ou d'un logement meublé… ? », impots.gouv.fr, mis à jour le 15 juillet 2022.

conscience des risques que vous encourez : vous pourriez encaisser de faux billets sans le savoir, voire être poursuivi pour fraude fiscale ! Le paiement en espèces n'est pas non plus avantageux pour l'acheteur, car il ne laisse pas de trace, ce qui prive de tout recours en cas de réception d'un produit défectueux.

Savoir déjouer les pièges virtuels

Les arnaques en ligne ou par téléphone sont nombreuses et, malheureusement, de plus en plus perfectionnées. Même une personne avertie peut se laisser prendre au piège. Un SMS annonçant un héritage important semblera immédiatement suspect. Une vieille connaissance reprenant contact depuis un numéro inconnu parce qu'elle a besoin d'argent éveillera probablement une certaine méfiance. Mais qu'en est-il de ce mail, provenant en apparence d'un conseiller bancaire, qui demande la communication de codes d'accès confidentiels ? Ou de ce message, prétendument envoyé par l'assurance maladie, exigeant l'actualisation de données privées[1] ? Pour déjouer cette dernière ruse, encore faut-il savoir qu'en règle générale, les organismes publics ne contactent pas les particuliers par SMS.

Les escrocs savent comment endormir la vigilance de leurs victimes avec des stratagèmes bien rodés. Dans le cadre d'un appel, une personne malveillante commencera typiquement par poser des questions simples afin de mettre son interlocuteur en confiance : « Vous êtes bien M. Untel ? » « Pouvez-vous me confirmer que vous êtes

1. « Nouvelle carte Vitale : attention à l'arnaque par SMS ! », Direction de l'information légale et administrative (Premier ministre), service-public.fr, 22 avril 2022.

né le 3 avril 1967 ? » Les interrogations se feront ensuite de plus en plus précises… jusqu'à ce que la personne visée livre son numéro de carte bleue !

Si vous êtes victime d'une arnaque en ligne, vous pouvez déposer plainte contre X – *a priori*, vous ne connaissez pas l'identité de l'auteur des faits – auprès d'un commissariat de police ou d'une brigade de gendarmerie, en joignant à votre dossier autant d'éléments de preuve que possible. Concernant la fraude à la carte bancaire, il est indispensable de faire opposition immédiatement, ce que les banques permettent 24 heures sur 24 et 7 jours sur 7.

Protéger sa réputation en ligne

La réputation numérique est devenue un élément clé de l'image que nous renvoyons en société. De plus en plus de gens « googlisent » les personnes qu'ils viennent de rencontrer ou s'apprêtent à contacter, surtout dans le domaine professionnel.

Afin de soigner cette réputation, il est judicieux de commencer par taper son propre nom dans un moteur de recherche et de réaliser un rapide état des lieux. Les contenus que l'on ne souhaite pas laisser pourront faire l'objet d'une demande de suppression sur la page dédiée de la plateforme concernée. Seules les demandes justifiées et accompagnées d'une copie de pièce d'identité sont prises en compte. Une réponse est généralement donnée dans un délai inférieur à 10 jours.

Cela fait, la création d'un profil LinkedIn ou d'une page personnelle sur un nouveau réseau social est un outil efficace pour accroître sa visibilité et maîtriser son image. Dans le cas d'une entreprise, il est essentiel d'alimenter régulièrement le site internet pour en optimiser le référencement. S'en remettre à un professionnel coûte cher, sans compter que le référencement payant se reconnaît vite à certaines mentions explicites comme « annonce » ou encore « contenu sponsorisé ». Dans tous les cas, il est recommandé de travailler ce que l'on nomme le référencement naturel.

Peut-on tout dire derrière un pseudonyme ?

Certains internautes malveillants, cachés derrière leur écran, se sentent protégés par l'utilisation d'un pseudonyme et tiennent des propos haineux. Le fait de posséder une identité virtuelle ne pose aucun problème en soi, mais s'en servir pour insulter ou diffamer de manière anonyme est inacceptable. Dans les cas les plus graves, cela peut déclencher un effet boule de neige qui mène à du « harcèlement en meute » : cette expression fait référence à un phénomène de groupe dans lequel une seule personne, jouissant souvent d'une large audience en ligne, en désigne publiquement une autre comme cible et incite sa communauté virtuelle à s'acharner contre elle. Le harcèlement prend alors rapidement une ampleur très importante et se traduit par l'envoi de courriels ou de commentaires injurieux. Parfois, les proches de la personne initialement visée sont également touchés. La frontière entre le monde virtuel et la réalité est parfois ténue, puisque les intimidations en ligne débouchent dans certains cas sur des menaces physiques.

Les conséquences pour les victimes sont dramatiques : dépression, anxiété, paranoïa… Certaines parviennent à prendre de la distance vis-à-vis des réseaux sociaux, mais d'autres sont gravement affectées dans leur vie privée comme sur le plan professionnel. Ce fut le cas d'une influenceuse de 32 ans dont le pseudonyme était Mava Chou, et qui s'est donné la mort en décembre 2021. Une enquête a été ouverte pour « harcèlement moral ayant poussé au suicide[1] ».

Les condamnations sont encore rares, même si leur nombre augmente, car seule une faible proportion des personnes victimes de cyberharcèlement déposent plainte. Ces dernières années, plusieurs sanctions ont malgré tout été prononcées, notamment dans le cadre de la très médiatique affaire Mila – un procès emblématique, ne serait-ce qu'au regard du nombre de personnes interpellées. Rappelons brièvement les faits. En 2020, une jeune fille prénommée Mila et âgée de 16 ans a vivement critiqué l'islam sur son compte Instagram, affirmant notamment : « Je déteste la religion [...]. Le Coran, il n'y a que de la haine là-dedans, l'islam c'est de la merde [...]. Il y a encore des gens qui vont s'exciter, j'en ai clairement rien à foutre, je dis ce que je veux, ce que je pense. Votre religion, c'est de la merde, votre Dieu, je lui mets un doigt dans le trou du cul. » Sa vidéo est rapidement devenue virale et Mila a reçu des dizaines de milliers de messages, y compris des menaces de mort. Elle a dû être déscolarisée et placée sous protection policière[2]. Un procès a eu lieu en juin 2021 devant le tribunal correctionnel de Paris : 13 personnes ont été jugées. Le 7 juillet 2021, le tribunal a prononcé des peines d'emprisonnement allant de 4 à 6 mois avec sursis contre 11 d'entre elles (pour deux prévenus, les peines ont été alourdies en appel)[3]. En septembre de la même année,

1. « Suicide de Mava Chou : retour sur la "descente aux enfers" d'une influenceuse harcelée sur Internet », bfmtv.com, 10 janvier 2022.

2. Mila, *Je suis le prix de votre liberté*, Paris, Grasset, 2021.

3. « Cyberharcèlement de Mila : peines alourdies en appel pour deux prévenus », *Le Parisien*, 31 janvier 2023.

un individu âgé de 25 ans a été condamné à 10 mois de prison avec sursis et à 10 000 euros à verser au titre de la réparation du préjudice moral pour menace de mort car il avait écrit sur le réseau social Twitter, à propos de Mila, lors de l'ouverture du procès : « Quelqu'un veut décapiter cette pute on stream[1] ? »

Les propos de Mila et le cyberharcèlement qui s'est ensuivi ont suscité de vives réactions dans les deux camps[2]. Reste que ce procès a permis de mettre en lumière la fin de l'impunité sur Internet : le couperet médiatique est souvent plus prompt à tomber que les tribunaux à rendre justice, mais le fait est que les cyberharceleurs ne sont plus à l'abri.

Si vous estimez être l'objet d'une forme de harcèlement en ligne, il est urgent de constituer un solide dossier pénal. Conservez les messages reçus, qu'ils soient écrits ou vocaux : vous pourrez les faire constater par un commissaire de justice (il s'agit de la nouvelle désignation des huissiers de justice depuis juillet 2022)[3]. L'étape suivante consiste à déposer plainte, soit auprès d'un commissariat ou d'une brigade de gendarmerie, soit directement auprès du procureur de la République – auquel cas il est conseillé de faire appel à un avocat. Même en cas de cyberharcèlement en meute impliquant la réception de très nombreux messages dans un court laps de temps, il est utile de tout conserver, ne serait-ce que sous la forme de simples captures d'écran datées. Il peut également être pertinent

1. « Menace de mort contre Mila : un homme de 25 ans condamné à 10 mois de prison avec sursis », bfmtv.com, 30 septembre 2021.

2. *#JeSuisMila #JeSuisCharlie #NousSommesLaRépublique. 50 personnalités s'expriment sur la laïcité et la liberté d'expression*, Paris, Seramis, 2020.

3. Décret n° 2021-1625 du 10 décembre 2021 relatif aux compétences des commissaires de justice.

de signaler au réseau social concerné la personne à l'origine de cette déferlante de haine, afin que son compte soit suspendu – même si la procédure est complexe, et que certaines plateformes se montrent plus coopératives que d'autres.

Une autre forme d'atteinte en ligne est la diffamation, qui peut être publique ou privée. Pour qu'elle soit caractérisée, le propos en cause, par exemple l'imputation d'un fait, doit porter atteinte « à l'honneur ou à la considération » de la personne visée. La diffamation prend souvent la forme d'une affirmation, qui peut être validée ou infirmée – par exemple, « Mme X a payé sa femme de ménage de façon non déclarée » : c'est soit vrai, soit faux. En revanche, si les faits imputés ne peuvent pas être vérifiés, cela peut relever de l'injure. Il faut enfin, pour parler de diffamation, que l'allégation soit suffisamment précise. Si un internaute annonce par exemple publiquement qu'un autre a été condamné pour un crime alors que cela n'est pas vrai, cela correspond à de la diffamation. La peine encourue, hors circonstances aggravantes, peut aller jusqu'à 12 000 euros d'amende. En comparaison, la répression de la diffamation privée (par exemple, un SMS entre deux protagonistes contenant des faits diffamatoires) n'est guère dissuasive : l'auteur s'expose à une contravention de première classe… soit 38 euros d'amende[1].

En cas de diffamation, il est possible de rédiger sans tarder une plainte avec constitution de partie civile et de l'adresser au doyen des juges d'instruction du tribunal compétent. Pour cette procédure, il est vivement recommandé de se faire accompagner par un professionnel qui vous conseillera la solution la plus adaptée à votre situation.

1. Article R. 621-1 du Code pénal.

Comment réagir lorsqu'on est victime de fake news ?

À l'ère des réseaux sociaux, le « tribunal médiatique » a vite fait de condamner les individus accusés d'une infraction, souvent sans preuve suffisante. Il suffit d'un article indiquant qu'« une plainte pour agression sexuelle a été déposée contre untel » pour que l'information soit partagée, et que la personne visée soit aussitôt jugée coupable par l'opinion publique. Elle est alors mise au ban de la société, sans que les institutions judiciaires, à qui il revient pourtant de déterminer si une personne est condamnable ou non, aient pu faire leur travail.

Les *fake news*, ou fausses informations, compliquent encore la situation. On peut citer l'affaire Raquel Garrido et Alexis Corbière, deux personnalités politiques injustement accusées d'esclavage moderne dans un hebdomadaire connu, vraisemblablement par un adversaire souhaitant les discréditer[1]. Le jour même, elles ont réussi à prouver leur innocence, néanmoins l'allégation a porté préjudice à leur carrière et à leur famille. C'est dire quelles auraient été les conséquences s'il leur avait fallu plus de temps pour se défendre ! Il ne s'agit bien sûr pas d'affirmer que tous les médias sont concernés par les *fake news*. Cependant, il est prudent de garder à l'esprit que toute personne accusée est présumée innocente tant qu'elle n'a pas été reconnue coupable par une juridiction.

Si vous êtes directement visé par des *fake news*, par exemple sur les réseaux sociaux ou sur les sites de presse, il convient d'agir rapidement en diffamation, car le délai

1. « Affaire Garrido-Corbière : derrière la fausse employée maltraitée, les coulisses d'un incroyable complot politique », *Le Parisien*, 19 octobre 2022.

de prescription n'est que de trois mois à compter de la date des faits. Il existe une exception pour les propos diffamatoires à caractère raciste, homophobe ou religieux : le délai de prescription est alors d'un an[1].

Pour obtenir la suppression du contenu problématique, il faut vous rapprocher du directeur de la publication, considéré comme le responsable du média concerné – par exemple, un journal en ligne. Vous aurez de grandes chances de trouver son nom dans les mentions légales du site internet car il est obligatoire pour les médias professionnels de faire figurer cette information. S'il s'agit d'un site géré par un particulier, comme un blog, il est recommandé d'amorcer d'abord un dialogue, puis, à défaut, d'intenter une action contre l'auteur de la publication.

La dernière étape consiste soit à porter plainte : pour cela, il est recommandé de vous rapprocher d'un professionnel qui pourra vous orienter vers la meilleure option.

Pour sa défense, l'auteur de la publication cherchera à démontrer que son accusation est fondée ou, au moins, qu'il a partagé l'information de bonne foi. Il ne sera entendu que s'il remplit les conditions suivantes : avoir tenu des propos nuancés, sans exagérer, démontrer une absence d'animosité ou de conflit avec la victime, avoir mené une enquête sérieuse et fondée sur les faits et, enfin, avoir poursuivi un objectif légitime en publiant les propos concernés.

1. Article 65-3 de la loi du 29 juillet 1881 sur la liberté de la presse.

3

Savoir réagir face aux agressions

Peut-on tirer sur un cambrioleur ?

Dans un précédent chapitre, nous avons abordé la question du cambriolage du point de vue de l'assurance. Supposons maintenant que l'on prenne la personne sur le fait : quels sont les droits qui s'appliquent en matière d'autodéfense ? Voir un individu malveillant pénétrer chez soi par effraction est choquant, et il est tout à fait compréhensible d'être pris de panique, surtout si cela se produit au milieu de la nuit. Cela explique que certaines victimes saisies de peur possédant une arme tirent sur le cambrioleur et, dans certains cas, le tuent. S'agit-il alors de légitime défense ? Rappelons que la riposte doit être nécessaire et proportionnée à l'attaque subie : *a priori*, abattre l'intrus est pour le moins disproportionné...

Certains faits divers récents ont porté sur des situations de ce type et l'on a pu constater que la sanction – ou l'absence de sanction – dépendait naturellement des circonstances. En 2015, un homme de 74 ans ayant tiré sur un cambrioleur a été relaxé par le tribunal correctionnel de Besançon, qui a retenu la légitime défense. Dans cette affaire, un élément semble avoir fait pencher la balance : le cambrioleur s'était déjà introduit 7 fois en 17 jours dans le domicile du septuagénaire… Handicapé à 30 % par le tir reçu, il a été condamné à 12 mois de prison ferme et 3 200 euros de dommages-intérêts[1]. Plus récemment, en 2022, un agriculteur a entendu quatre personnes entrer chez lui par effraction alors qu'il s'y trouvait avec sa fille de 3 ans. Se sentant menacé, il a tiré deux fois en direction du groupe, causant le décès de l'un des intrus. Une enquête a été ouverte pour meurtre, et l'agriculteur, placé sous contrôle judiciaire[2]. L'instruction est encore en cours, mais l'on peut déjà supposer que l'appréciation de la légitime défense sera, là aussi, déterminante.

Siffler une femme dans la rue, est-ce du harcèlement ?

Insultes, remarques déplacées, sifflements… Le harcèlement de rue est omniprésent et peut laisser des traces indélébiles. Bien entendu, la manière dont une femme est vêtue ou apprêtée ne justifie en aucun cas qu'elle devienne une cible. Pour ma part, je me demande toujours ce qu'espèrent « obtenir » les harceleurs qui agissent de cette façon. En quoi se faire traiter ainsi donnera-t-il « envie » d'aller vers ces malotrus ou de céder à leur assaut ?

Malheureusement, beaucoup de femmes finissent avec le temps par considérer que les sifflements sont un désagrément du quotidien et se résignent à les endurer. Certaines adaptent leurs tenues vestimentaires et leurs itinéraires pour ne pas être ennuyées : pas de jupe courte, pas de trajet à pied seule la nuit, pas de ruelles sombres… Or toutes

1. « À 74 ans il tire sur un cambrioleur, le tribunal le relaxe », *L'Est républicain*, 2 juillet 2020.

2. « L'agriculteur se sent menacé : il tire sur un de ses cambrioleurs et le tue », *Le Courrier de l'Ouest*, 30 mars 2022.

devraient pouvoir mener leur vie sans porter le poids de cette inquiétude. Mais les avancées sont modestes et l'insécurité ne décroît pas.

Le harcèlement de rue est un délit réprimé par la loi depuis 2018, qui entre dans la catégorie des « outrages sexistes[1] ». Dans les faits, l'infraction a lieu en un laps de temps si resserré qu'il est très difficile d'en punir les auteurs. Il existe néanmoins quelques bons réflexes à adopter en cas de sifflement ou d'insulte : envoyer immédiatement un SMS au 114 si vous ne pouvez pas passer d'appel – le délai de réponse est très court – ou utiliser une des applications dédiées qui existent aujourd'hui sur smartphone, essayer de filmer les faits, demander aux éventuels témoins d'attester du harcèlement… En revanche, et contrairement à une idée reçue, notons qu'un regard appuyé n'est pas constitutif d'une infraction, bien que cela puisse être désagréable.

Moins de 1 000 amendes ont été infligées sur l'ensemble de l'année 2019, ce qui prouve que la probabilité d'être pris sur le fait est très faible[2]. La portée symbolique de cette loi reste néanmoins importante puisqu'il est désormais admis que le harcèlement de rue n'est ni normal ni légal.

Lorsqu'on est confronté à du harcèlement de rue ou que l'on subit une agression, il est tentant de se défendre soi-même. Cela ne pose pas (trop) de difficulté si l'on agit en état de légitime défense – autrement dit, si l'on riposte en même temps que l'on est soi-même attaqué, et de manière nécessaire et proportionnée[3].

1. Loi n° 2018-703 du 3 août 2018 renforçant la lutte contre les violences sexuelles et sexistes.

2. « Combien d'amendes pour harcèlement de rue ont-elles été dressées depuis la loi de 2018 ? », *Libération*, 12 janvier 2022.

3. Article 122-5 du Code pénal.

Mais, face à l'insécurité croissante, certaines femmes optent pour des formes d'autodéfense qui, en réalité, sont à la frontière de la légalité. De nouvelles « armes » sont aujourd'hui commercialisées et déclinées en différents modèles – par exemple, un porte-clés anti-agression en forme de tête de chat, *a priori* inoffensif, mais dont les oreilles sont très pointues et qui se glisse sur la main à la manière d'un poing américain. Ces objets sont en vente libre, mais ne doivent être utilisés qu'en cas d'attaque, et jamais comme des armes offensives. Il est également possible d'acheter certains types de bombes lacrymogènes, classées dans les armes de catégorie D : on peut en posséder mais pas se déplacer avec dans l'espace public, sauf motif légitime. Donc, toujours il faut raison et mesure garder, sous peine de se voir passer de victime à agresseur, ce qui serait un comble.

Comment utiliser les sites de rencontres en toute sécurité ?

Les sites de rencontres font l'objet de débats réguliers mais répondent indéniablement à une demande croissante. Payante ou gratuite, chaque application est conçue de manière à satisfaire des attentes précises : Tinder et Happn sont destinées à un public très large, Raya est plus sélective, JSwipe intègre des critères religieux... Certaines sont mêmes dédiées aux personnes mariées qui recherchent des relations extraconjugales sans engagement ! Bien sûr, il est possible de faire des rencontres amoureuses sur les réseaux sociaux traditionnels, comme Facebook et Instagram, grâce à l'envoi de messages privés.

Pour que les choses se passent au mieux, il est important de respecter quelques règles d'or. Si, à la suite d'échanges sur une application de ce type, vous rencontrez quelqu'un pour la première fois, il est toujours préférable de lui donner rendez-vous dans un endroit public. Pensez également à informer un proche en lui communiquant le lieu exact de l'entrevue. Sur les applications de rencontres, il arrive que les profils soient reliés à un compte Facebook ou Instagram : n'hésitez donc pas à effectuer en amont quelques recherches simples sur l'autre pour vous rassurer.

Si, malgré vos précautions, vous êtes victime d'une agression, d'une tentative de viol ou d'un viol, il est vivement conseillé de déposer plainte le plus rapidement possible – même si le traumatisme subi peut vous paralyser dans un premier temps –, puis de vous rendre dans une unité médico-judiciaire (UMJ). Dans l'hypothèse où vous avez échangé avec l'agresseur *via* la fonction de chat de l'application, conservez les messages pour attester plus tard du lieu de rencontre et, éventuellement, de l'identité de l'auteur s'il n'est pas sous pseudonyme.

Agression : saisir la justice… ou alerter la presse ?

De plus en plus de procès se déroulent non seulement devant le tribunal, mais aussi dans l'espace médiatique, et les agressions ne font pas exception. Certaines femmes choisissent de raconter ce qu'elles ont subi sur les réseaux sociaux : par exemple, en 2021, après avoir été victime d'une grave agression à Nanterre, une jeune femme a diffusé une courte vidéo d'elle-même encore en état de choc, dans laquelle elle expliquait avoir reçu des coups de marteau sur le crâne[1].

1. « Une jeune femme de 18 ans violemment agressée à coups de marteau », *Dernières nouvelles d'Alsace*, 5 novembre 2021.

Alerter sa communauté sur les réseaux sociaux, voire la presse, n'est pas nécessairement une mauvaise idée dans la mesure où cela facilite la localisation et l'identification de l'agresseur. En ce qui concerne les témoins, filmer la scène permet de prouver les faits par la suite… mais la priorité reste de porter secours à la victime et de joindre la police !

Comment réagir face à un frotteur dans les transports ?

Un frotteur est une personne qui commet une agression sexuelle, dans les transports en commun ou tout autre espace bondé, en se collant contre une autre sans son consentement. Certains préméditent leur infraction en trouant par exemple leur pantalon au niveau de l'entrejambe. Les frotteurs agissent souvent aux heures de pointe ; quant aux victimes, elles n'ont pas toujours conscience d'avoir été agressées, car il est difficile de distinguer un frotteur d'un passager qui manque simplement de place. Il n'y a par ailleurs pas réellement de profil type : bon père de famille, étudiant lambda, personne connue des services de police…

Face à la multiplication de ces infractions, il existe des recours. Si quelqu'un se frotte contre vous, n'hésitez pas à le dire tout haut et à recueillir le témoignage d'autres voyageurs. Il convient également de prévenir les agents de sécurité, puis de porter plainte. La peine maximale encourue pour agression sexuelle est de 5 ans d'emprisonnement et 75 000 euros d'amende, s'il n'y a pas de circonstances aggravantes[1]. En 2019, un homme de 43 ans a été condamné à 2 ans de prison ferme, pour s'en être pris à une jeune fille[2].

---

1. Article 222-27 du Code pénal.
2. « Deux ans de prison ferme pour le “frotteur” de la gare de Beauvais », *Le Parisien*, 26 mars 2019.

Les faits se sont déroulés à la gare de Beauvais : l'homme frottait son sexe sur la cuisse de la jeune fille, laquelle a enregistré les faits. Dans la vidéo, on entend l'homme lui dire : « J'ai envie de te faire l'amour. » L'enquête a révélé qu'il avait déjà été condamné deux fois pour agression sexuelle.

Peut-on se faire violer dans un taxi ou un VTC ?

En 2018, un rapport de l'entreprise Uber recensait 3 045 signalements d'agressions sexuelles et 9 meurtres ayant eu lieu dans des véhicules affiliés à l'entreprise aux États-Unis[1]. Ces chiffres font froid dans le dos et incitent à se montrer prudent vis-à-vis de ce service. Il faut néanmoins garder à l'esprit que malheureusement, quel que soit le moyen de transport choisi, le risque zéro n'existe pas.

Concernant les VTC, les nouvelles plateformes restent très soucieuses du bien-être de leurs clients et mettent tout en œuvre pour offrir des trajets sécurisés en sélectionnant leurs chauffeurs. Au moindre doute, la première information à vérifier est la note attribuée au conducteur sur l'application. La photo doit également être comparée au visage du conducteur car il y a beaucoup de « sous-locations » de comptes. Il existe en outre une application appelée Kolett où les chauffeurs sont des femmes et ne prennent en charge que des passagères, ce qui en rassure certaines.

En cas d'insécurité pendant un trajet, écrivez à l'application en décrivant les faits. Pensez aussi à alerter un proche et à lui communiquer votre localisation ainsi que la plaque d'immatriculation et le nom du chauffeur : le plus rapide

1. « Uber Delivers U.S. Safety Report », uber.com, 5 décembre 2019.

est de faire une capture d'écran de la page d'application concernée. Si vous souhaitez attester des paroles échangées au cours du trajet, vous pouvez utiliser l'enregistreur vocal de votre téléphone.

Malgré ces diverses précautions, il n'est pas toujours possible d'éviter une agression ou une tentative de viol. En août 2022, deux plaintes ont été déposées en moins d'une journée contre des chauffeurs de VTC à Paris et dans les Hauts-de-Seine[1]. D'après les faits divers, les cibles sont souvent des femmes seules rentrant d'une soirée alcoolisée, donc vulnérables.

S'agissant des taxis, les conditions pour devenir chauffeur sont bien plus difficiles que de s'inscrire sur une plateforme de VTC. Pour obtenir leur diplôme, les candidats doivent présenter un examen (les chauffeurs de VTC doivent aussi en passer un), puis obtenir une licence très onéreuse. Ils sont par ailleurs obligés d'avoir un casier judiciaire vierge (c'est aussi le cas pour les chauffeurs de VTC), de se soumettre à un examen médical et de suivre une formation continue, même une fois qu'ils sont en activité. Il existe aussi une « police des taxis », que l'on nomme les Boers et qui correspond à une sorte d'unité de contrôle chargée de veiller au bon fonctionnement du service dans cette profession. En tant que passager, on a donc toutes les chances d'être en sécurité… pour peu que l'on ait bien affaire à un chauffeur professionnel, et non à un usurpateur de taxi ! Il est donc recommandé de vérifier que le véhicule dans lequel on s'apprête à monter n'est pas une arnaque, par exemple en s'assurant de la présence d'un compteur.

---

1. « Deux plaintes pour viol contre des chauffeurs VTC à Paris et dans les Hauts-de-Seine », *Le Parisien*, 15 août 2022.

4

Propriétaires, locataires : prenez les choses en main !

Que se passe-t-il si on falsifie son dossier ?

Chercher un appartement ou une maison en location relève du casse-tête, surtout dans les grandes villes. Plusieurs dizaines de candidats sont parfois en lice pour un même logement. J'ai déjà vu une très longue file d'attente pour aller visiter une « studette de charme » de 9 m^2 sous les toits de Paris... à 690 euros par mois !

Les propriétaires, qu'ils gèrent eux-mêmes leur bien ou le confient à une agence immobilière, ont toute latitude pour sélectionner l'heureux élu. La liste des pièces justificatives qu'ils sont en droit d'exiger, en revanche, est bien définie : il s'agit généralement des derniers avis d'imposition, des fiches de paie et des documents d'identité[1]. Au contraire, certains documents n'ont pas à être réclamés – un certificat médical ou une lettre de motivation, par exemple.

En termes de situation financière, il est attendu des locataires qu'ils gagnent jusqu'à trois, voire quatre fois le

1. Décret n° 2015-1437 du 5 novembre 2015 fixant la liste des pièces justificatives pouvant être demandées au candidat à la location et à sa caution.

montant du loyer de l'appartement convoité. Bien entendu, cela élimine une bonne partie des candidats. Frustrés, certains décident, après avoir essuyé de multiples refus, de forcer un peu le destin en enjolivant leur dossier : ils modifient donc leurs fiches de paie, leur avis d'imposition (encore faut-il veiller à une bonne concordance entre les deux, les mauvais faussaires étant démasqués à ce stade) et obtiennent un logement beaucoup plus facilement !

Cette pratique est très répandue puisque, selon une étude récente, d'après une estimation faite à Paris et en petite couronne, environ un dossier sur cinq était falsifié – chiffre qui se limite à un sur dix en province[1]. Cela n'a rien de surprenant, malgré tout, c'est illégal. Si l'infraction de faux et usage de faux est constituée, un propriétaire averti rejettera sur-le-champ la candidature du faussaire, mais n'engagera probablement pas de poursuites. En théorie, la peine peut aller jusqu'à 3 ans de prison et 45 000 euros d'amende[2] mais, en pratique, le dossier sera simplement écarté. Soyez néanmoins conscient des risques pénaux, car un tribunal correctionnel pourrait lourdement sanctionner cette pratique ! En 2022, un locataire ayant falsifié plusieurs bulletins de salaire pour obtenir un logement a été condamné à 4 mois de prison ferme et à 2 500 euros d'indemnisation. Cela peut paraître sévère mais, en l'occurrence, le locataire indélicat avait déjà été condamné et, pour la présente audience, n'avait même pas daigné se déplacer[3]...

Supposons à présent que les faux documents ne soient pas détectés lors de la conclusion du bail. Au moindre

1. Étude Imodirect, https://www.bfmtv.com/immobilier/location/ces-locataires-qui-trichent-pour-leur-dossier-de-location_AN-202206220470.html.

2. Article 441-1 du Code pénal.

3. « Un locataire lourdement condamné pour avoir falsifié son dossier », francetvinfo.fr, 13 février 2022.

loyer impayé, le propriétaire examinera minutieusement le dossier fourni au départ et détectera alors que certaines pièces justificatives ne sont pas authentiques. En avril 2022, un couple a été condamné de cette façon à une amende de 2 000 euros[1]. Un dossier d'expulsion pourra même être monté. En conclusion, si vous décidez de falsifier vos fiches de paie… payez au moins votre loyer par la suite !

Squattage : comment expulser un locataire indésirable ?

Nombre de faits divers ont récemment mis en lumière des situations invraisemblables entre propriétaires et locataires. Parmi les personnes concernées, j'ai rencontré, à l'occasion d'une autre procédure, une femme qui m'a raconté être, à peu de chose près, à la porte de chez elle. Quelques années plus tôt, en rentrant de vacances, elle a constaté que sa résidence secondaire, généralement mise en location, était occupée alors qu'elle devait être vide à cette période. L'occupante en question a d'abord prétexté avoir loué l'habitation de bonne foi, faisant croire qu'elle avait été escroquée par un tiers. Il est cependant très vite apparu qu'il s'agissait d'une « squatteuse ». La propriétaire a alors entrepris des démarches auprès du tribunal. Au terme d'une très longue procédure, pendant laquelle elle n'a perçu aucun loyer – elle en avait pourtant besoin pour rembourser un crédit –, la décision a été rendue : expulsion et indemnité d'occupation. Or cette décision n'a jamais été exécutée – le préfet de police s'y est opposé en vertu de la loi Droit au logement opposable (Dalo), selon laquelle on ne peut mettre à la porte quelqu'un

1. « Le couple avait créé de faux documents pour obtenir un logement », *Capital*, 30 avril 2022.

qui n'a pas d'autre point de chute, même si cette personne accapare le logement où elle vit sans rien payer. Ces cas de figure sont rares mais ont le mérite de mettre en lumière la détresse de beaucoup de propriétaires qui, face à des lois qui ne leur offrent que peu de recours, se sentent démunis. En 2022, une femme de 59 ans a tenté de s'immoler par le feu devant la mairie de Paris, désespérée de ne pouvoir récupérer un logement illégalement occupé depuis 2010[1].

Un squatteur est généralement une personne qui s'introduit par effraction dans un appartement qui n'est pas le sien et s'y installe.

Du point de vue des propriétaires, la situation est naturellement inacceptable, et il est tentant d'expulser soi-même les occupants indélicats. Or il s'agit là d'un délit… La peine peut aller jusqu'à 3 ans d'emprisonnement et 30 000 euros d'amende[2]. La Cour de cassation a aussi récemment affirmé que le propriétaire d'un logement squatté avait l'obligation de maintenir celui-ci en l'état, ce qui ne manque pas d'ironie ! En 2022, une personne occupant illégalement un appartement – un ex-locataire qui aurait dû quitter les lieux deux ans auparavant – a même attaqué le propriétaire pour défaut d'entretien à la suite d'un accident : le garde-corps avait cédé, engendrant une chute[3]. La Cour a estimé que le squatteur était dans son droit[4]… Précisons cependant qu'un nouveau projet de loi

1. « Paris : démunie face à ses squatteurs, une femme tente de s'immoler par le feu sur le parvis de la mairie », *Le Figaro*, 20 janvier 2022.

2. Article 226-4-2 du Code pénal.

3. « Un logement, même squatté, doit être entretenu, juge la Cour de cassation », *Le Parisien*, 23 septembre 2022.

4. Cour de cassation, deuxième chambre civile, 15 septembre 2022, n° 19-26249.

est en cours d'élaboration sur la question du squat ; s'il est adopté, des changements importants sont susceptibles d'intervenir dans le rapport de force entre propriétaires et occupants.

Si votre bien immobilier est accaparé par quelqu'un, n'attendez pas : tournez-vous vers un avocat familier de ce type de procédure. Il vous demandera tout d'abord s'il est question de votre résidence principale ou d'une autre. Selon la situation, une procédure administrative ou judiciaire sera envisagée.

Troubles de voisinage : ne vous laissez plus faire !

Que l'on soit locataire ou propriétaire, dès lors que l'on choisit de vivre en société – notamment dans une grande ville à forte densité de population –, on s'expose au risque de subir des nuisances : je parle en connaissance de cause ! Face à ce que l'on nomme les « troubles anormaux de voisinage », il convient d'agir méthodiquement et de connaître les issues envisageables. Même si les procédures sont parfois longues, il est regrettable que certaines victimes finissent par se résoudre à déménager alors que des solutions existent.

Avant toute chose, il faut s'assurer que la nuisance subie, qu'elle soit auditive ou olfactive, relève bien d'un trouble de voisinage. Trois critères alternatifs permettent de s'en convaincre : la durée, l'intensité et la répétition[1]. Il n'est pas nécessaire que le voisin indélicat réside dans le logement

1. « Troubles de voisinage : bruits de comportement », Direction de l'information légale et administrative (Premier ministre), service-public.fr, mis à jour le 30 mars 2020.

mitoyen pour agir – le comportement inapproprié peut être observé dans l'immeuble d'en face, ou encore trois étages au-dessus de chez soi, tant qu'il existe une certaine proximité géographique.

Un dialogue amiable avec le voisin concerné est la première option à privilégier : le rôle des conciliateurs de justice, qui interviennent gratuitement, est de faciliter ce type d'échange. À défaut de trouver un terrain d'entente, il faut collecter des preuves de la nuisance subie en envoyant dans un premier temps des lettres recommandées avec accusé de réception, dont on conservera une copie. Si d'autres personnes sont victimes du même trouble, une pétition peut permettre d'en attester. Un autre moyen plus coûteux, mais très efficace en termes probatoires, consiste à faire appel à un commissaire de justice qui se déplacera pour constater les nuisances. Enfin, si le comportement problématique entraîne des conséquences sérieuses – par exemple, des bruits récurrents qui impliquent de consulter un médecin en vue de se faire prescrire des somnifères pour mieux dormir –, produire un certificat s'avérera très utile. L'idée est de démontrer les préjudices subis ainsi que leur lien de causalité avec la nuisance.

Si vous vivez en copropriété, lisez attentivement le règlement de celle-ci et tournez-vous vers le syndic afin qu'il engage une action. Dans l'hypothèse où la personne à l'origine des nuisances est locataire, n'hésitez pas à alerter son propriétaire afin de l'informer de la situation : les contrats de bail mentionnent généralement que le locataire est « tenu d'user raisonnablement du logement[1] ». N'hésitez pas enfin à contacter votre mairie pour savoir s'il existe un arrêté réglementaire régissant la nuisance en question.

1. Article 1728 du Code civil.

Une copie de ce document pourra être adressée à votre voisin, et une autre, conservée dans votre dossier.

En dernier recours, il vous restera à vous tourner vers la juridiction compétente, à savoir le tribunal de proximité si le préjudice est inférieur à 10 000 euros, ou le tribunal judiciaire si ce montant est excédé. La reconnaissance en justice d'un trouble anormal de voisinage entraînera, selon les cas, le versement de dommages-intérêts, voire la résiliation du bail du voisin indélicat[1]. D'autres mesures comme l'insonorisation du logement seront éventuellement ordonnées.

Enfin, sachez qu'il est possible de mettre fin à certains désagréments sans attendre, en faisant appel aux forces de l'ordre : c'est le cas des nuisances sonores qui ont lieu tard le soir, aussi appelées « tapage nocturne ». Il s'agit là d'une infraction pour laquelle l'auteur, s'il a conscience du trouble causé, se verra infliger une amende de 68 euros.

1. Article 1729 du Code civil, loi n° 89-462 du 6 juillet 1989 tendant à améliorer les rapports locatifs et portant modification de la loi n° 86-1290 du 23 décembre 1986.

5

Les vacances

Comment choisir une location de vacances sans se faire arnaquer ?

Le rêve de passer ses vacances à se prélasser dans un cadre idyllique peut rapidement virer au cauchemar si la résidence que l'on a louée s'avère être une arnaque. Quels sont les pièges à identifier, et comment limiter les dégâts ?

Les deux escroqueries les plus classiques sont celle du faux propriétaire et celle du faux locataire.

Dans le premier cas, une personne malintentionnée se procure les photos d'un bien immobilier ainsi que les coordonnées de son propriétaire : elle publie ensuite, en se faisant passer pour ce dernier, une annonce de location en ligne. Aux futurs vacanciers intéressés par l'offre, elle explique que, compte tenu de son emploi du temps très chargé, elle n'est pas en mesure de proposer des visites. Elle offre en revanche un prix très attractif pour compenser ce désagrément, et demande un acompte sous forme de chèque ou de virement afin de confirmer la réservation. Une fois le paiement effectué, bien sûr, elle disparaît.

Dans le second cas, un faux locataire se dit intéressé par la réservation d'un bien et accepte d'effectuer un paiement à l'avance. Il transfère alors « par erreur » un montant bien supérieur au prix affiché, et demande au propriétaire de lui rembourser la différence... tout en faisant, en parallèle, opposition au chèque initial. Une variante consiste à émettre un chèque à partir d'un compte sans provision.

De tels exemples peuvent paraître incroyables et beaucoup pensent que, eux ne se feraient pas avoir. Or chacun peut tomber dans les pièges tendus. Les arnaques, toujours plus nombreuses, sont en effet parfois grossières : je me souviens d'une femme que je représentais dans le cadre d'un divorce et qui, pendant ses vacances, avait eu la désagréable surprise de découvrir que la maison qu'elle avait louée n'existait tout simplement pas à l'adresse indiquée. Elle avait pourtant déjà réglé le prix du séjour. Le matin de son arrivée, l'annonce avait été supprimée du site de réservation en ligne, et le « propriétaire » était injoignable. Une autre de mes connaissances a un jour loué une résidence qui existait bel et bien... sauf qu'elle était réservée pour deux personnes différentes la même semaine ! Comme quoi, personne n'est à l'abri.

Afin d'échapper à ce type d'escroquerie, l'essentiel est de faire preuve de bon sens. Une offre trop alléchante doit immédiatement sembler suspecte. Pour connaître le « juste prix » d'un bien, prenez le temps de réaliser une rapide étude de marché en épluchant les annonces similaires. Si vous contactez un propriétaire ou un locataire, préférez toujours le téléphone au courriel et demandez autant de renseignements que possible. Quelqu'un qui refuse de communiquer des photos de l'intérieur d'un logement doit inspirer une certaine méfiance. Enfin, avant toute réservation, il est utile de se rendre sur Google Maps pour vérifier que la résidence concernée existe bien et se faire une idée de l'aspect des environs. Une fois la décision prise, évitez si possible de régler par mandat cash à l'étranger ; sachez en outre que vous êtes dans votre droit en réclamant un contrat en deux exemplaires signés par les deux parties.

Si vous êtes victime d'une escroquerie, déposez plainte auprès d'un commissariat, d'une brigade de gendarmerie ou en écrivant directement au procureur de la République. Rappelons que le délit d'escroquerie est sanctionné par une peine pouvant aller jusqu'à 5 ans de prison et 375 000 euros d'amende[1]. Afin d'appuyer votre plainte, conservez l'intégralité des échanges et des preuves et n'hésitez pas à joindre des attestations sur l'honneur de vos proches s'ils ont été témoins des faits.

Que faire quand on se rend compte trop tard que l'on a été escroqué ? D'abord, il faut faire opposition auprès de sa banque. La demande de remboursement des frais engagés, en revanche, est parfois périlleuse et demande une certaine obstination. Les particuliers effectuent souvent leur réservation *via* des sites comme Booking, or il ne s'agit que de plateformes de mise en relation, dont les conditions générales de vente indiquent clairement qu'elles se déchargent de toute responsabilité en cas de problème. Pour avoir été en litige avec l'une de ces plateformes, je peux affirmer qu'elles ne veulent rien entendre. En râlant beaucoup – ce que j'ai fait ! –, on obtient au mieux un geste commercial, qui n'est pas forcément à la hauteur du préjudice subi.

Si l'on estime avoir été vraiment lésé et que l'on souhaite obtenir réparation, il ne reste donc que la voie judiciaire, c'est-à-dire un dépôt de plainte contre X ou une citation directe. Cette dernière solution est plus rapide, mais rappelons qu'elle est coûteuse et qu'il faut connaître

1. Article 313-1 du Code pénal.

l'identité de la personne que l'on accuse. Dans tous les cas, il est recommandé de conserver le maximum de preuves, notamment des captures d'écran des éventuels échanges de mails.

Voyage en train : comment se faire indemniser pour le retard subi ?

Nous avons tous déjà perdu de longues heures à patienter sur un banc de gare. Certains disent même que les trains en retard sont la règle, et ceux qui arrivent à l'heure, l'exception ! Outre la perte de temps, ces imprévus peuvent engendrer des conséquences sérieuses : manquement d'une correspondance, d'un rendez-vous important... Faute de connaître leurs droits, la plupart des gens subissent ces délais sans penser à réclamer une compensation financière, ce qui profite évidemment aux compagnies ferroviaires. Dans les faits, la règle est pourtant claire[1] : en Europe, en cas de retard compris entre 60 et 119 minutes, la compagnie doit indemniser les passagers à hauteur de 25 % du prix du billet, au minimum. Si le retard est supérieur à 2 heures, ce plancher passe à 50 %.

En France, s'agissant des TGV Inoui et des trains Intercité SNCF, des règles plus spécifiques sont prévues. En dessous de 30 minutes de retard, il n'y a pas d'indemnisation. Si le retard est inférieur à 59 minutes, l'indemnisation de 25 % se fait sous forme de bon d'achat. Entre 60 minutes et 1 heure 59, un virement bancaire est possible. Entre 2 heures et 2 heures 59, l'indemnisation s'élève à 50 %, en bons ou par virement. Enfin, au-delà de 3 heures, le billet est

1. Règlement (CE) n° 1371/2007 du Parlement européen et du Conseil du 23 octobre 2007 sur les droits et obligations des voyageurs ferroviaires.

remboursé à 75 %. Évidemment, cette grille ne s'applique pas aux billets achetés à la dernière minute au guichet de la gare, alors que le retard a déjà été annoncé. Les TER, eux, ne sont pas concernés par ce système d'indemnisation, sauf exception : au-delà d'une heure de retard, une option d'annulation avec remboursement intégral est proposée. Bien entendu, des spécificités existent pour les trains internationaux (Eurostar) ou autres trains spécifiques, il convient alors de se renseigner sur les modalités.

Une fois la réclamation déposée, le prix du billet doit être restitué dans un délai d'un mois. Une indemnisation en espèces peut parfois être accordée. Il est recommandé d'effectuer les démarches rapidement, soit par courrier postal, soit directement sur le site internet de la compagnie concernée, où un formulaire dédié est mis à disposition. Il faut y préciser la référence du dossier, la date du voyage, le numéro du train, ses coordonnées personnelles, et joindre à l'envoi le billet lui-même ainsi que le justificatif de retard reçu à l'arrivée. Par mesure de précaution, mieux vaut conserver une copie de ces documents.

Si vous possédez une carte de transport avec une formule d'abonnement et que vous êtes confronté à des retards récurrents, vous pouvez également solliciter une indemnisation : pour cela, conservez tous vos billets afin d'étayer votre demande au moment de contacter la compagnie ferroviaire.

Enfin, sachez qu'en cas de retard très important, la compagnie ferroviaire doit offrir à boire et à manger aux passagers, dans la mesure du possible. Elle est également tenue de leur fournir un hébergement et de payer le transport entre ce lieu et la gare si un séjour d'une ou plusieurs nuits devenait indispensable.

Vols annulés ou retardés : quel remboursement ?

Comme les trains, les avions connaissent fréquemment des retards, voire des annulations. Là encore, connaître ses droits permet d'être correctement dédommagé.

Si votre avion a 5 heures de retard ou plus, et que cela vous pousse à renoncer à votre voyage, il est possible de vous faire rembourser le billet. Ces conditions sont peu avantageuses, puisque la plupart des vols en retard ne le sont que d'une ou deux heures. Cela n'empêche pas pour autant de percevoir une indemnisation partielle[1]. En effet, si vous avez plus de trois heures de retard à l'arrivée, vous avez déjà droit à 250 euros d'indemnisation pour un vol de 1 500 kilomètres ou moins. Au-delà de cette distance, et au sein de l'Union européenne, l'indemnisation s'élève à 400 euros. Hors de l'Union européenne, l'indemnisation est toujours de 400 euros pour les vols de 1 500 à 3 500 kilomètres ; elle s'élève à 600 euros au-delà de cette distance.

Naturellement, une indemnisation ne peut être perçue que si l'on a bien pris son avion, et si le retard ne trouve pas sa cause dans une circonstance exceptionnelle comme des conditions météorologiques défavorables. En cas de réacheminement, le montant de l'indemnisation sera réduit sous certaines conditions.

En pratique, si vous remplissez les conditions pour être remboursé, adressez votre demande au transporteur par lettre recommandée avec accusé de réception, en y joignant

1. Règlement (CE) n° 261/2004 du Parlement européen et du Conseil du 11 février 2004 établissant des règles communes en matière d'indemnisation et d'assistance des passagers en cas de refus d'embarquement et d'annulation ou de retard important d'un vol, et abrogeant le règlement (CEE) n° 295/91 (texte présentant de l'intérêt pour l'EEE) – Déclaration de la Commission.

une copie de vos billets et la preuve du retard. Vous avez théoriquement 5 ans à compter de la date du vol pour le faire, mais rien ne sert de traîner ! Sans réponse dans un délai de 2 mois, ou en cas de refus, vous avez la possibilité de saisir gratuitement le médiateur « Tourisme et voyage » sur le site servicepublic.fr. Il vous faudra d'abord vérifier que la compagnie en cause fait partie de la liste dressée par ce médiateur : c'est par exemple le cas d'Air France.

Du naturisme à l'exhibitionnisme : chez soi, où est la limite ?

Enfin, sujet qui pourra paraître anecdotique mais qui peut survenir l'été si l'on a envie de bronzer en totalité : pour ceux qui ont la chance d'avoir une terrasse ou un balcon, un des plaisirs de la période estivale est de s'y installer pour prendre le soleil... et, pourquoi pas, de le faire nu. Certes, juridiquement, rien ne vous en empêche ! Cependant, certaines limites doivent être respectées : il faut vous assurer que vous ne risquez pas d'être vu, car vous pourriez vous rendre alors coupable d'exhibitionnisme, ce qui constitue un délit[1]. Si votre terrasse donne sur la rue, vous devrez donc vous abstenir, tandis que si vous êtes seul à la campagne, cela ne devrait pas poser de difficulté.

Tant que vous respectez cette règle, quiconque tente délibérément de vous voir nu – par exemple, en utilisant des jumelles ou en se hissant par-dessus le muret de votre jardin – pourra être accusé de voyeurisme, ce qui, au même titre que l'exhibitionnisme, constitue un délit.

1. Article 222-32 du Code pénal.

DEUXIÈME PARTIE

La famille

Les relations familiales, qu'elles soient étroites ou distendues, ordinaires ou complexes, sont soumises à des règles juridiques qui, bien qu'essentielles, ne sont pas toujours connues. À une époque où la notion de filiation et les modes de parentalité ne cessent d'évoluer, il est indispensable de savoir s'orienter dans les grandes notions qui structurent le droit de la famille. Quel nom donner à son enfant ? Comment fonctionne l'adoption ? Que se passe-t-il en cas de divorce des parents ? Ces questions méritent des réponses claires, réunies dans cette deuxième partie.

1

L'état civil

Quel prénom et quel nom donner à son enfant ?

Selon Éric Zemmour, candidat à l'élection présidentielle de 2022, chaque enfant français devrait porter un prénom tiré du calendrier des saints. Cette proposition farfelue est bien sûr loin de correspondre à la réalité de la France où, au contraire, les choix sont de plus en plus libres, laissant s'exprimer l'imagination débordante des parents.

En théorie, ces derniers peuvent appeler leur enfant comme ils le souhaitent. Il est possible d'utiliser un prénom existant, y compris en modifiant son orthographe, ou d'en inventer un nouveau. Sachez toutefois que l'officier d'état civil peut refuser le prénom donné s'il estime celui-ci contraire à l'intérêt de l'enfant. Parfois, c'est l'association avec le nom de famille qui pose problème : Lara Clette avait par exemple créé une certaine polémique en Belgique[1]. Les parents peuvent en théorie attribuer autant de prénoms qu'ils le veulent, mais là encore, il ne faut pas que cela soit contraire à l'intérêt de l'enfant.

1. « Belgique : ils appellent leur fille Lara Clette », europe1.fr, 28 novembre 2010.

S'agissant du nom de famille, il existe un principe d'unité familiale : tous les membres d'une fratrie doivent porter le même. Il est possible d'accoler les noms des parents dans l'ordre souhaité ou de n'en retenir qu'un – dans les faits, on estime que 8 enfants sur 10 portent uniquement le nom de leur père. Si les deux parents portent déjà eux-mêmes un double nom, chacun peut en transmettre un aux enfants.

Un enfant qui porte le nom de son père peut-il y adjoindre plus tard le nom de sa mère ?

Le 1er juillet 2022, une nouvelle loi est venue assouplir les dispositions jusqu'alors en vigueur[1] : à compter de sa majorité, chaque enfant peut désormais accoler au nom qu'il porte celui de l'autre parent ou le lui substituer. Il dispose donc des mêmes options que celles qu'avaient ses géniteurs au moment de sa naissance.

La procédure de changement de nom est désormais très simple : il suffit de rédiger un courrier ou de se déplacer à la mairie du lieu de son domicile ou de naissance. Il n'est pas nécessaire de justifier cette décision ni de démontrer sa pertinence. Une fois le dossier parvenu à la mairie, la personne doit respecter un délai de réflexion d'un mois avant de confirmer son choix. Ce temps de réflexion n'est pas à prendre à la légère car la procédure de changement de nom, dans ces conditions, ne peut être effectuée qu'une seule fois au cours de la vie[2].

Une autre décision a été prise en juillet 2022 concernant les enfants mineurs qui ne portent que le nom d'un seul

1. Loi n° 2022-301 du 2 mars 2022 relative au choix du nom issu de la filiation.

2. Article 61-3-1 du Code civil.

parent : désormais, l'autre titulaire de l'autorité parentale peut décider unilatéralement, en avertissant « en temps utile » l'autre parent, d'ajouter à titre d'usage son nom à celui de son enfant. Dans le cas où le mineur a plus de 13 ans, il est nécessaire de recueillir son consentement. Si le parent averti de ce changement souhaite s'opposer à la démarche, il devra saisir le juge aux affaires familiales, qui tranchera en prenant exclusivement en compte l'intérêt de l'enfant[1]. Évidemment, s'opposer à ce que l'autre parent ajoute son nom simplement pour le contrarier n'est pas un motif recevable ! Cette nouvelle mesure va simplifier la vie de nombreuses mères séparées, qui doivent constamment justifier leur lien de filiation avec leur enfant par le biais du livret de famille.

Filiation : le père ne veut pas reconnaître notre enfant

« Elle a fait un bébé toute seule », chantait Jean-Jacques Goldman en 1987. En réalité, ce genre de situation s'est largement banalisé. Pour ma part, j'ai tendance à penser qu'un homme qui ne veut pas d'enfant, mais ne prend pas les précautions nécessaires, peut difficilement se prétendre victime d'un coup monté…

Quoi qu'il en soit, la question de la reconnaissance de paternité se pose uniquement pour les couples non mariés, car si mari il y a, l'enfant sera automatiquement présumé sien[2]. Elle peut être choisie, auquel cas le père en effectue la démarche dans n'importe quelle mairie (cela peut aussi se faire éventuellement devant un notaire), au moment où il le souhaite, et sans que la présence de la mère soit

1. Article 311-24-2 du Code civil.
2. Article 312 du Code civil.

nécessaire. Mais elle peut aussi être contrainte : c'est alors à la femme d'intenter une procédure juridique appelée « action en recherche de paternité ». Elle peut pour cela fournir diverses preuves, comme les SMS échangés, des témoignages selon lesquels elle n'a pas fréquenté d'autres hommes pendant la période de conception de l'enfant... Quant à l'expertise génétique, elle ne saurait être imposée à qui que ce soit, mais un refus de la part de l'homme de s'y soumettre peut être interprété en sa défaveur. Une fois l'enfant reconnu, de manière volontaire ou contrainte, tous les droits et devoirs qui en découlent s'appliquent, notamment le versement d'une pension alimentaire et les droits successoraux.

Faire un enfant « dans le dos » de quelqu'un, pour le dire crûment, ne représente pas de risque particulier d'un point de vue juridique car la procédure en recherche de paternité est efficace pour trancher sur la question de savoir qui est le père ou non. Il en va différemment du point de vue de l'intérêt de l'enfant : le père n'aura aucune obligation de tisser une relation avec lui, même en cas de reconnaissance.

Le père biologique n'est pas celui qui a reconnu mon enfant

Selon une étude publiée en 2009 dans la revue scientifique britannique *The Lancet*, environ 1 personne sur 30 ne serait pas l'enfant biologique de l'homme mentionné comme « père » sur son acte de naissance[1]. Ce résultat, bien que très controversé, met en lumière une situation relativement répandue.

---

1. « Un enfant sur trente ne serait pas celui du père déclaré », *20 minutes*, 10 mai 2009.

Cela peut se produire lorsqu'un homme reconnaît un bébé qu'il sait ne pas être le sien, par exemple s'il noue une relation avec une mère seule. Il peut également s'agir d'une femme mariée entretenant une liaison extraconjugale, et décidant de taire ses doutes quant à la paternité du bébé. Globalement, à moins d'une dissemblance physique frappante, les familles concernées s'en accommodent, même si le secret peut ressurgir inopinément et mettre à mal l'équilibre du foyer.

Les choses se compliquent lorsque le « vrai » père se dévoile et entend démontrer son lien de filiation avec l'enfant. Dans ce cas, il lui faut intenter une action en contestation de paternité, avant de prouver son propre statut de géniteur. Toutefois, si le « premier » père a une « possession d'état » de plus de 5 ans, il n'y a plus de contestation possible, sauf exception – afin d'éviter un trop grand bouleversement. La « possession d'état » correspond à la forme qu'a prise, avec le temps, la relation d'un parent avec son enfant : elle doit être continue, paisible, publique et non équivoque[1].

Enfin, pour être recevables en justice, toutes les expertises liées à la filiation doivent être ordonnées par un juge, et pas seulement diligentées par le père ou la mère.

1. Article 311-2 du Code civil.

2

Vaincre les inégalités familiales

Quel devrait être le salaire des mères au foyer ?

6 400 euros : c'est le salaire mensuel que mériterait en théorie une mère au foyer, selon une étude publiée par ProntoPro[1]. L'idée n'est pas si saugrenue, puisqu'en Chine, le nouveau Code civil en vigueur depuis janvier 2021 reconnaît la valeur du travail domestique. Cette disposition juridique a très rapidement été mise en pratique : en février 2021, un homme a été condamné par le tribunal populaire de Fangshan, à Pékin, à verser une compensation financière à son ex-femme pour toutes les tâches domestiques qu'elle avait dû accomplir pendant leurs cinq années de mariage. Lors du divorce, la femme avait demandé 160 000 yuans (20 400 euros) et a finalement obtenu environ 6 300 euros. Le juge a estimé que « les travaux ménagers constituent une valeur de propriété immatérielle. Ils peuvent par exemple contribuer à améliorer le cadre de vie ou le développement personnel de l'autre conjoint, sans que cela se reflète dans les biens matériels[2] ».

1. « Étude Prontopro : maman au foyer, un travail évalué à cinq fois le Smic », prontopro.fr, 21 mai 2019.

2. « China court orders man to pay wife for housework in landmark case », bbc.com, 24 février 2021.

Ce montant prend en compte le nombre d'heures consacrées à l'entretien du foyer et à la famille, notamment le ménage (en moyenne, 15 euros de l'heure), l'aide aux devoirs (un cours particulier coûte environ 25 euros de l'heure, voire plus selon le niveau de l'élève), les trajets en voiture, la cuisine... En exécutant toutes ces besognes jour après jour, les mères au foyer sacrifient parfois leur avenir professionnel. Une autre raison justifie ce montant à première vue élevé : la charge mentale qu'elles supportent, sans compter l'absence de temps de pause réel. Contrairement à des salariées d'entreprise, elles ne bénéficient pas de congés – et encore moins de congés payés !

En France, une mère au foyer sans revenus dépend de son époux ou de sa famille. En cas de divorce, elle peut espérer obtenir une prestation compensatoire. Si elle n'est pas mariée, mais seulement pacsée ou en concubinage, elle n'a malheureusement droit à rien en cas de rupture, et il peut s'avérer difficile de retrouver un emploi après une interruption de travail de plusieurs années. Dans la mesure du possible, il est donc préférable pour les femmes de conserver une certaine autonomie financière. Être femme mariée au foyer est un choix, et chacune est bien sûr libre de l'envisager... mais concubine ou femme pacsée au foyer, c'est, à mon sens, à éviter !

Les hommes au foyer existent-ils vraiment ?

Selon une étude récente, 65 % des hommes se disent prêts à rester au foyer, mais en pratique, moins de 2 % d'entre eux le font[1]. Il s'agit d'une tendance assez médiatisée, notamment

1. Étude « Les métiers ont-ils un sexe selon les hommes ? », réalisée par Sarenza en partenariat avec Harris Interactive à l'occasion de la Journée de la femme, auprès de 500 hommes âgés d'au moins 18 ans.

aux États-Unis, où l'on parle de « *daddies at home* » ; pourtant, cela reste anecdotique d'un point de vue statistique. En France, lors d'un recensement effectué en 2016 par l'Insee, seuls 0,22 % des hommes ont coché la case « au foyer »[1]. Cette résistance s'explique en partie par le poids des normes sociales, mais aussi par un déséquilibre au niveau du congé parental, qui est plus long pour les femmes ; celles-ci sont aussi plus nombreuses à interrompre ou à abandonner leur carrière à la naissance d'un enfant.

Précisons qu'un homme qui choisit de rester au foyer ne se consacre pas forcément aux tâches ménagères ou aux enfants pour autant : ce sont trop souvent les mères qui s'occupent de tout, y compris lorsqu'elles subviennent aux besoins financiers de la famille ! Dans la mesure du possible, il est préférable de déléguer sans ambiguïté l'ensemble des tâches ménagères à la personne qui reste à domicile. Il peut être intéressant d'expliciter la liste des corvées et de les attribuer clairement. Ce document n'aura de valeur qu'entre les époux, mais engendrera des obligations morales.

Élever son enfant seule : comment obtenir une pension alimentaire élevée ?

En France, les foyers monoparentaux sont à 85 % tenus par des femmes. Une pension alimentaire est souvent versée par l'autre parent, mais ce n'est pas systématique, soit parce que celui-ci est dénué de ressources financières, soit parce que le parent qui élève les enfants n'a pas entrepris de démarches juridiques.

---

1. « Population en 2016. Recensement de la population », Insee, 25 juin 2019.

La pension alimentaire vise à couvrir l'ensemble des dépenses de la vie courante d'un enfant : le terme « alimentaire » doit donc être entendu au sens large. Le principe de ce système est que l'enfant doit avoir sensiblement le même niveau de vie, qu'il soit chez l'un ou chez l'autre de ses parents. La pension est versée jusqu'à ce que le mineur soit financièrement autonome : elle ne s'arrête donc pas à la majorité, mais au moment de la prise d'indépendance – c'est-à-dire, en général, au début de la vie professionnelle. Si l'enfant fait des études longues, les versements se poursuivront jusqu'au diplôme et jusqu'à ce que l'enfant soit financièrement autonome, à condition que le cursus soit suivi avec un minimum de sérieux : une certaine constance est requise.

En cas de divorce, la question de la pension alimentaire doit impérativement être abordée. Une réévaluation annuelle du montant peut être prévue en fonction d'un indice déterminé. Il en va différemment lors de la rupture d'un concubinage ou d'un Pacs : l'un des parents doit alors saisir le juge aux affaires familiales en cas de désaccord sur la somme ou d'absence totale de versement spontané. Il est également possible de rédiger une convention parentale, qui sera homologuée par le juge et aura la même valeur qu'un jugement. C'est une alternative pertinente si les deux parents sont parvenus à trouver un terrain d'entente et qu'ils souhaitent officialiser leur accord. En l'absence de décision de justice ou de convention homologuée, le parent recevant la pension n'aura pas de recours en cas de non-versement.

Le montant de la pension alimentaire dépend des ressources et des dépenses des deux parents. On considère naturellement leur salaire, mais aussi les éventuelles allocations qu'ils touchent. Concernant les dépenses, seuls les frais fixes sont examinés dans un premier temps : loyer, crédits, assurances, abonnement internet et téléphonique…

Quant aux dépenses exceptionnelles, il est recommandé de les lister avec le plus de précision possible et de solliciter explicitement leur partage. Il peut s'agir du paiement du permis de conduire, de frais de santé non pris en charge par la Sécurité sociale ou encore du coût de la scolarité dans un établissement privé.

Lors d'une audience devant le juge aux affaires familiales, comme dans le cadre d'une convention parentale, des justificatifs écrits doivent être fournis. Schématiquement, pour obtenir une pension alimentaire élevée, il faut donc démontrer que le solde des ressources et des dépenses est nul ou négatif. Précisons que le mode de garde a son importance : une résidence alternée impliquera naturellement des versements moins importants qu'une résidence exclusive – même si, dans les faits, les mères qui élèvent seules leur enfant sont encore nombreuses à détenir une « garde classique », qui prévoit que l'enfant passe un week-end sur deux et la moitié des vacances scolaires chez le père.

Enfin, dans l'hypothèse où l'un des parents se remet en couple, les revenus de son nouveau partenaire seront agglomérés aux siens dans le calcul de la pension – à condition que les charges soient partagées – et provoqueront une réévaluation du montant[1].

Pension alimentaire impayée : quels recours ?

De nombreux parents, gardant rancune à leur ex-conjoint/partenaire/concubin d'une séparation éprouvante, ne lui paient pas la pension alimentaire qu'ils lui doivent, ou la paient en retard.

1. Cour de cassation, première chambre civile, 11 juin 2008, n° 07-10285, Cour de cassation, première chambre civile, 14 mai 2014, n° 13-12602.

Si le montant a été fixé sans aucune intervention d'un juge, il n'existe malheureusement pas de recours juridique. En revanche, dans le cas où une convention parentale ou un jugement a été établi, il faut demander par écrit, dès le premier impayé, la raison de ce manquement. Cela sert à prouver par la suite qu'une issue amiable a été recherchée et qu'il ne s'agissait pas d'un cas de force majeure. L'étape suivante consiste à se tourner vers la CAF, ou à demander une saisie en faisant appel à un commissaire de justice – pour rappel, c'est ainsi que l'on nomme désormais les huissiers.

Le fait de ne pas payer la pension alimentaire que l'on doit constitue une infraction pénale : on parle de « délit d'abandon de famille[1] ». Pour que celui-ci soit constitué, il faut une décision de justice et que le défaut de paiement soit volontaire et dure depuis au moins deux mois. Le parent récalcitrant est alors passible d'une peine d'emprisonnement de 2 ans et d'une amende de 15 000 euros[2].

Double droit de visite

Lorsque deux concubins ou époux ont chacun des enfants d'une précédente union, il est préférable de faire en sorte que les week-ends de garde coïncident, afin que tous les enfants se rencontrent et qu'une vie de famille recomposée puisse se créer. D'ailleurs, devant le juge aux affaires familiales, ce point peut être mis en avant pour obtenir un week-end particulier plutôt qu'un autre, en vertu de l'unité familiale.

1. Article 227-3 du Code pénal.
2. Article 227-3 du Code pénal.

Peut-on s'opposer au droit de visite des grands-parents ?

Beaucoup d'enfants tissent très tôt des liens étroits avec leurs grands-parents. Lorsque les circonstances l'exigent, ceux-ci font souvent office de baby-sitters, devenant ainsi les garants de l'équilibre familial. Pourtant, les parents ne voient pas nécessairement cette situation d'un bon œil et peuvent décider, pour différentes raisons, de prendre leurs distances. Dès lors, la question du maintien des liens entre enfants et grands-parents se pose.

Le Code civil prévoit le maintien des liens entre un enfant et les « tiers importants » de sa vie, notamment les grands-parents[1]. En cas de conflit, pour obtenir un jugement favorable, ces derniers doivent démontrer que leurs mauvaises relations avec les parents n'affectent pas l'équilibre de l'enfant. La jurisprudence considère d'ailleurs qu'une mésentente de ce type n'est pas un obstacle en soi. En revanche, il ne faut pas que la situation soit source d'angoisse pour l'enfant, ni que celui-ci soit pris dans un conflit de loyauté[2]. Il a par exemple été jugé en 2019 que : « L'animosité d'une grand-mère à l'égard de sa belle-fille et son attitude procédurière ne peuvent être que préjudiciables à l'enfant et source de perturbations à mesure qu'il grandira[3]. »

Pour trancher, le juge aux affaires familiales soupèse la solidité des relations de l'enfant avec ses grands-parents et le degré d'attachement réciproque, en se fondant éventuellement sur des enquêtes sociales. Les visites « médiatisées » peuvent constituer un compromis : cela signifie

1. Article 371-4 du Code civil.

2. Cour de cassation, première chambre civile, 28 février 2006, n° 05-14484.

3. Cour de cassation, première chambre civile, 26 juin 2019 n° 18-19017.

que les grands-parents obtiennent le droit de passer du temps avec leur petit-enfant, mais uniquement selon des horaires définis, au sein d'une association dédiée – et donc sous surveillance. En pratique, ce droit est cependant difficile à mettre en place envers et contre la volonté des parents. Cette procédure spécifique requiert que les grands-parents, à l'origine de la demande, soient représentés par un avocat.

Mon enfant peut-il continuer à voir mon ex-compagnon, qui n'est pas son père ?

Il arrive qu'un enfant s'attache fortement au conjoint de l'un de ses parents. En cas de séparation, la question du maintien des liens avec ce beau-père ou cette belle-mère se pose, surtout si l'enfant est encore loin de la majorité.

Le Code civil prévoit expressément ce cas de figure. Tout comme les grands-parents, l'adulte concerné peut être considéré comme un « tiers proche » et enclencher une procédure afin que la relation se poursuive. Si la séparation avec le parent a été conflictuelle, le mineur risque rapidement de se retrouver en conflit de loyauté ; dès lors, il peut être intéressant de tenter une médiation.

3

L'adoption

Adoption simple ou adoption plénière ?

En France, environ 8 000 personnes entreprennent chaque année des démarches pour adopter, mais seulement 1 500 enfants trouvent un foyer. Le parcours est souvent long et semé d'embûches. Rappelons qu'il existe deux formes d'adoption : l'adoption simple et l'adoption plénière. Elles répondent à des conditions distinctes et produisent des effets différents.

Dans le cadre d'une adoption simple, les liens de l'adopté avec sa famille « d'origine » perdurent[1], tandis qu'en cas d'adoption plénière, le nouveau foyer se « substitue » au précédent[2]. Précisons qu'en principe, l'adoption plénière n'est possible que pour les mineurs de moins de 15 ans et vivant déjà chez l'adoptant depuis au moins 6 mois[3]. L'adoption simple, quant à elle, peut intervenir quel que soit l'âge de l'adopté[4]. Ce dernier doit cependant justifier d'une différence d'âge d'au moins 15 ans avec l'adoptant,

1. Article 360 du Code civil.
2. Article 356 du Code civil.
3. Article 345 du Code civil.
4. Article 345-1 du Code civil.

sauf dérogation[1] ; un écart de seulement 10 ans est toléré lorsqu'il s'agit d'adopter l'enfant de son conjoint, concubin ou partenaire de Pacs.

L'adoption simple est révocable pour des motifs graves[2] – quoique cela soit très rare – tandis que l'adoption plénière est définitive[3]. D'un point de vue successoral, l'adoption simple permet à l'adopté de conserver son droit à hériter des deux familles, celle d'origine et celle qui l'accueille ; au contraire, une personne adoptée en la forme plénière n'hérite que de sa famille adoptive.

Le processus d'adoption plénière est assez long. Les parents peuvent exprimer des préférences, par exemple sur le sexe de l'enfant, mais pas ériger ceux-ci en critères impératifs. La première étape est d'obtenir un agrément : le but est de s'assurer que les conditions d'accueil de l'enfant à adopter sont optimales et favorables à son bon développement. La demande se fait auprès du conseil général, après une participation obligatoire à une réunion d'information. Le couple doit constituer un dossier et se soumettre à une enquête sur sa situation psychologique et sociale. À ce stade, soit le président du conseil général accepte la demande, soit il la rejette. Dans ce second cas de figure, il est possible d'effectuer un recours dans un délai de 2 mois auprès du président du conseil général. Ce refus est valable 30 mois, après quoi une nouvelle demande peut être déposée.

En cas d'acceptation, un agrément est accordé pour une durée de 5 années. Il faut alors confirmer chaque année auprès de l'ASE, par lettre recommandée avec avis de réception, que l'on maintient son projet d'adoption.

1. Article 347 du Code civil.
2. Article 368 du Code civil.
3. Article 359 du Code civil.

Peut-on adopter un enfant seul, même si l'on est marié ?

Vouloir adopter un enfant seul, tout en étant marié : à première vue, cette idée pourrait sembler saugrenue ! Pourtant, ce souhait est tout à fait compréhensible dans certaines situations – par exemple, dans une famille recomposée où l'un des conjoints a des enfants d'une union précédente, et où l'autre souhaite en avoir de son côté.

En France, toute personne peut adopter un enfant si elle a plus de 26 ans[1]. Toutefois, pour adopter seul en étant marié, il faut recueillir l'accord de son conjoint – après tout, il sera amené à côtoyer l'enfant adopté au quotidien.

Avoir déjà un enfant est-il un obstacle à l'adoption ?

Cela dépend du pays, car les règles varient. Dans certains États étrangers, avoir un enfant peut freiner l'ouverture d'un dossier d'adoption. En France, bien que ce ne soit pas un obstacle, un parent biologique sera en pratique moins prioritaire qu'un couple sans enfant.

Puis-je adopter l'enfant de mon conjoint ?

Les relations entre enfants et beaux-parents sont parfois conflictuelles, mais ce n'est heureusement pas systématique : il arrive au contraire que les deux parties nouent des liens solides et souhaitent officialiser ceux-ci. Un adulte peut donc adopter l'enfant de son conjoint – ou, désormais, celui de son concubin ou partenaire de Pacs. Dans toutes

1. Article 343-1 du Code civil.

les configurations, il faut être en mesure de démontrer une communauté de vie d'au moins une année.

Pour adopter l'enfant de son partenaire en la forme plénière, il faut que l'autre parent se soit vu retirer l'autorité parentale, qu'il soit décédé ou qu'il ne figure pas sur l'acte de naissance de l'enfant[1]. Nous avons vu qu'une différence d'âge d'au moins 10 ans devait être respectée, mais il n'existe pas de conditions sur l'âge de l'adoptant[2]. Si l'enfant a plus de 13 ans, son consentement est requis.

En cas d'adoption simple, outre une différence d'âge de 10 ans à respecter, l'accord de l'autre parent est requis – à moins que personne ne réponde à ce titre[3].

S'agissant de la procédure elle-même, elle consiste à adresser une requête à l'attention du procureur de la République du tribunal judiciaire territorialement compétent[4], si possible en se rapprochant d'un professionnel pour être orienté ; se faire assister par un avocat est d'ailleurs obligatoire lorsque la personne à adopter a plus de 15 ans[5].

Faut-il être pistonné pour pouvoir adopter ?

À une époque où les célébrités semblent adopter des enfants sans la moindre difficulté – Jacques Chirac, Angelina Jolie, Johnny Hallyday, Sylvie Vartan... –, on peut légitimement se demander s'il est nécessaire d'avoir le bras long pour arriver au bout de ce processus, vécu par beaucoup comme un parcours du combattant. Si cela vous semble injuste, gardez en tête qu'en ce qui concerne

1. Article 370-1-3 du Code civil.
2. Article 370-1 du Code civil.
3. Article 370-1-6 du Code civil.
4. Article 1166 du Code de procédure civile.
5. Article 1168 du Code de procédure civile.

les personnalités, il est en réalité très difficile de savoir combien de temps elles ont attendu avant d'accueillir un enfant. Par définition, l'adoption ne fait parler d'elle que lorsqu'elle a fonctionné. De plus, beaucoup de gens en vue décident d'adopter à l'étranger. En France, il semblerait que le piston, le carnet d'adresses et l'argent n'aient aucun effet coupe-file !

Est-il plus rapide d'adopter à l'étranger ?

Les enfants français en attente d'un foyer sont peu nombreux par rapport aux demandes d'adoption. Certains couples se tournent donc vers d'autres pays. La probabilité d'adopter rapidement est certes plus grande à l'étranger, mais il est indispensable de s'être renseigné au préalable sur les règles juridiques locales en vigueur.

Précisons également que si l'adoption est gratuite en France, cela n'est pas nécessairement le cas partout. En moyenne, il faut compter entre 10 000 et 20 000 euros afin de couvrir les frais de traduction, les allers-retours en avion, le logement sur place… C'est une réelle barrière à l'entrée pour ceux qui n'en ont pas les moyens.

La procédure juridique et administrative n'est pas particulièrement allégée à l'étranger : sauf exception, il faut obtenir un agrément. L'avantage réside plutôt dans le fait qu'il y a plus d'enfants à adopter ailleurs dans le monde. Lorsque l'adoption dans un autre pays est régulière, sa validité en France ne pose pas de difficulté, mais elle doit faire l'objet d'une transcription pour laquelle il faut s'adresser au tribunal judiciaire de Nantes.

Enfin, s'agissant du choix de la zone géographique, il dépend entièrement des préférences de chacun. Certains souhaitent accueillir un enfant qui a des chances de leur ressembler physiquement, et se tournent par exemple vers la Scandinavie s'ils sont blonds aux yeux bleus ; d'autres jettent leur dévolu sur un pays donné en fonction de critères affectifs.

Et la GPA ?

La gestation pour autrui (GPA) étant interdite en France[1], de nombreux couples se rendent chaque année à l'étranger pour y avoir recours. Cette procédure est par exemple légale dans certains États américains ; d'autres pays, comme le Danemark ou les Pays-Bas, la tolèrent.

En pratique, n'importe qui peut sauter le pas et se rendre dans un pays qui autorise la GPA. L'un des obstacles principaux, cependant, est le coût. Il faut en effet compter environ 100 000 euros, somme qui peut doubler en cas de complications. Ce montant prend en compte la rémunération (éventuelle) et les frais médicaux de la mère porteuse, mais aussi les allers-retours du couple qui désire l'enfant et l'hébergement sur place. La rémunération varie en fonction du pays choisi. Dans tous les cas, elle doit être fixée le plus tôt possible et faire l'objet d'un contrat écrit afin d'éviter tout litige ultérieur.

La circulaire Taubira de 2014 a facilité les choses, puisque chaque enfant né à l'étranger par GPA et accueilli par des parents français peut désormais obtenir un certificat de nationalité française. Il reste cependant parfois difficile, sur le plan juridique, d'établir le lien entre les parents d'intention et l'enfant. À l'origine, il n'est pas possible de transcrire les actes de naissance des enfants issus d'une GPA à l'étranger sur les actes d'état civil français. Des

1. Article 16-7 du Code civil.

assouplissements ont néanmoins été introduits puisqu'en 2019, la Cour de cassation a déclaré que la GPA ne pouvait pas faire, à elle seule, obstacle à la transcription de l'acte étranger, même si celui-ci mentionnait le père biologique de l'enfant et son père d'intention[1].

1. Cour de cassation, première chambre civile, 18 décembre 2019, n° 18-11815.

4

L'éducation de l'enfant

Mon enfant est-il en sécurité à la crèche ?

Choqués par quelques récents scandales impliquant des crèches, certains parents hésitent à confier leur bébé à l'un de ces établissements. Bien qu'il ne faille pas faire de généralités à partir de faits divers, cette méfiance est compréhensible, d'autant que les affaires médiatiques en question ont mis en exergue certains dysfonctionnements systémiques des crèches privées : trop grand nombre d'enfants, manque de personnel, manque d'encadrement et de formation, maltraitances dans les cas les plus extrêmes... Plusieurs familles ont déposé plainte, critiquant une organisation fondée sur la rentabilité économique au détriment de la sécurité et de la santé des plus petits. D'anciens salariés ont également livré des témoignages édifiants, et dénoncé une volonté assumée de leur direction d'atteindre le taux d'occupation maximal. Une ancienne puéricultrice a par exemple rapporté les faits suivants : « Il faut savoir que je me suis retrouvée toute seule avec un groupe de 15 ou 16 enfants dits "moyens", donc de 12 à 18 mois : on ne respecte jamais le taux d'encadrement [...]. On peut être la meilleure professionnelle de la planète, vu les conditions de travail, on ne peut pas faire en sorte que les enfants soient épanouis au quotidien. » Une ancienne directrice d'un réseau de crèches connu a quant à elle affirmé : « L'objectif, c'était d'aller à 100 %, et même d'avoir les places d'urgence complètes, donc d'aller à 110 % le plus souvent possible[1]. »

Parmi les affaires récentes les plus graves, on peut citer celle d'un bébé de 11 mois décédé début juillet 2022 dans une crèche privée d'un grand groupe, dans le 3e arrondissement de Lyon[2]. Selon le parquet de la ville, l'employée responsable du décès a reconnu qu'« excédée par les pleurs de l'enfant, [elle l'avait] aspergé puis lui [avait] fait ingérer un produit caustique[3] ». Elle a été mise en examen pour homicide volontaire et placée en détention provisoire. Quant à l'établissement, il a été fermé pour une durée de trois mois renouvelable une fois, afin de répondre aux besoins de l'enquête et de permettre la vérification des conditions de fonctionnement de la crèche.

Si vous constatez des anomalies dans l'établissement que fréquente votre enfant, ou, pire, des signes de maltraitance, emmenez immédiatement ce dernier consulter un professionnel de santé. En cas de confirmation de vos doutes, il est vivement conseillé de déposer plainte contre X – car il est rare de savoir qui est responsable de la maltraitance sans en avoir été témoin. Le Service national d'accueil téléphonique de l'enfance en danger (Snated) est par ailleurs joignable en composant le 119, même si cela ne remplace

1. « Enquête TF1 – Soupçons de maltraitance dans les crèches : des parents et ex-salariés témoignent », tf1info.fr, 4 juillet 2022.

2. « La mort d'un bébé libère la parole de parents et professionnels sur des maltraitances dans les crèches People & Baby », *Le Monde*, 12 juillet 2022.

3. « Mort d'un bébé dans une crèche à Lyon : 3 mois de fermeture administrative pour l'établissement », AFP et rtl.fr, 3 juillet 2022.

pas un dépôt de plainte. Ce numéro est également valable pour obtenir des conseils en cas d'inquiétude.

Un professionnel de santé qui identifie des signes de maltraitance est bien évidemment tenu d'agir : le secret professionnel ne s'impose pas lorsqu'il s'agit d'informer les autorités judiciaires, médicales ou administratives de privations, de sévices ou d'atteintes sexuelles infligées à un mineur de moins de 15 ans[1]. Ce que l'on sait moins, c'est que cette obligation concerne également les employés de crèches, et pèse de manière générale sur tout adulte constatant qu'un enfant de son entourage semble maltraité. Fermer les yeux sur une telle situation constitue un délit puni par une peine allant jusqu'à 5 ans d'emprisonnement et 75 000 euros d'amende, le fait que la victime ait moins de 15 ans constituant une circonstance aggravante[2].

Jeune fille au pair : est-ce une bonne idée ?

Une jeune fille au pair est souvent une étudiante d'origine étrangère qui vient passer une ou deux années au sein d'une famille. Son but est d'apprendre la langue locale et de financer son séjour en gardant les enfants. Légalement, elle possède le statut de « stagiaire aide familiale étrangère » si son pays d'origine fait partie de l'Union européenne, auquel cas elle doit avoir, sauf dérogation, entre 17 et 30 ans. Sinon, elle est considérée comme « jeune au pair » et doit avoir entre 18 et 30 ans. Une convention détaillée doit être conclue avec la famille d'accueil, précisant les horaires de travail – en principe, 5 heures par jour au maximum –, la nature des tâches, les droits et les devoirs des deux parties…

1. Article 226-14 du Code pénal.
2. Article 434-3 du Code pénal.

L'étudiante a en outre l'obligation d'être inscrite à des cours de français spécialisés. La durée de séjour d'une jeune fille au pair est par défaut comprise entre 3 mois et 1 an, prolongeable jusqu'à 2 ans[1]. Toute famille qui accueille une « stagiaire aide familiale étrangère » doit déclarer sa situation auprès de l'Urssaf dans les 8 jours suivant son arrivée ; dans le cas d'une « jeune au pair », celle-ci étant salariée, un contrat de travail devra en plus être rédigé.

L'attrait de cette formule, pour l'employeur, est que la rémunération à verser est généralement très inférieure à ce que réclamerait une nurse classique, puisque le logement sur place et la nourriture sont déjà des avantages considérables. Les enfants se familiarisent en outre avec une langue étrangère. Il s'agit donc d'un accord gagnant-gagnant, mais qu'il est fondamental d'encadrer juridiquement en rédigeant un contrat adéquat.

Lors du recrutement d'une jeune fille au pair, l'idéal est de passer par une agence spécialisée, qui se chargera d'étudier les dossiers. Les inconvénients sont qu'il faut disposer d'un logement suffisamment grand pour accueillir une personne supplémentaire, et qu'il n'est souvent pas possible de rencontrer celle-ci en amont puisqu'elle habite à l'étranger. Des appels vidéo sont recommandés afin de contourner ce problème et d'apprendre à connaître l'étudiante que l'on envisage d'accueillir chez soi.

Est-il risqué de payer sa nounou au noir ?

Rémunérer la nounou de ses enfants « au noir » est fiscalement avantageux pour les deux parties ; cette pratique est donc plutôt courante. Il faut néanmoins garder à l'esprit

1. Accord européen du 24 novembre 1969 sur le placement au pair.

qu'en cas d'accident du travail, il n'y aura aucune assurance, pas plus qu'en cas de sinistre impliquant l'enfant. Rappelons aussi qu'il s'agit évidemment d'une infraction répréhensible ! Même si c'est la baby-sitter qui souhaite être payée « de façon informelle », l'employeur s'expose à être sanctionné devant le conseil des prud'hommes. L'excuse selon laquelle « c'est le salarié qui l'avait demandé » est parfaitement inopérante devant les juridictions. La sanction pour travail dissimulé peut aller jusqu'à 3 ans d'emprisonnement et 45 000 euros d'amende, hors circonstances aggravantes[1]. En pratique, quand l'employeur est un particulier, on inflige rarement des peines d'emprisonnement ferme, mais les amendes peuvent être lourdes.

Et le travail au gris ?

Le travail au noir, bien qu'interdit, n'en est pas moins répandu dans certains métiers de service car il est difficile à tracer. De nos jours, il existe une pratique moins connue, dénommée le « travail au gris[2] ». D'après une enquête réalisée par la société Oui Care, elle serait en forte expansion : 31 % des personnes faisant appel à une baby-sitter à la sortie de l'école ne déclareraient pas toutes les heures effectuées, contre 18 % en 2013 et 3 % en 2008[3].

Le travail au gris consiste à embaucher quelqu'un de manière régulière, en général une nounou ou tout autre type d'employé de maison, en ne déclarant toutefois qu'une partie du travail réel, le reste étant payé en espèces.

1. Article L8224-1 du Code du travail.

2. « Après le travail au noir, le travail "au gris", un phénomène de plus en plus répandu en France », *marie france*, 8 juin 2022.

3. « Après le travail au noir, le phénomène du travail "au gris" de plus en plus répandu », *Le Parisien*, 28 janvier 2019.

Nombre d'employeurs jugent cela moins risqué que le travail au noir, puisqu'ils gardent, selon eux, un pied dans la légalité. Du point de vue du salarié, le désavantage est de ne pas pouvoir cotiser sur les heures non déclarées. Sur le plan juridique, l'Urssaf ne fait pas de distinction entre le travail « au noir » et « au gris » : il s'agit de fraude. Pour écarter le risque de contrôle aléatoire ou de délation, il convient donc d'éviter cette pratique. Statistiquement, la plupart des personnes ne se font pas prendre, mais les vérifications sont de plus en plus fréquentes, et les sanctions, de plus en plus sévères.

Peut-on installer des caméras pour surveiller sa baby-sitter ?

Beaucoup de parents n'ont pas l'esprit tranquille lorsqu'ils confient leur enfant à quelqu'un qu'ils ne connaissent pas bien. La multiplication des faits divers sordides ne fait qu'alimenter leurs angoisses. C'est pourquoi certains installent chez eux des caméras discrètes, connectées à leur téléphone portable : ils peuvent ainsi voir en direct ce qui s'y passe. Il existe des dispositifs qui enregistrent des vidéos, et d'autres qui se contentent de retransmettre des images en temps réel, mais globalement, les caméras du marché sont de plus en plus perfectionnées.

Cette pratique est légale, à condition d'informer sans ambiguïté la baby-sitter du fait qu'elle est filmée. Il est même nécessaire d'annoncer la présence d'une caméra par un écrit suffisamment visible. À défaut, on risquerait d'être poursuivi pour atteinte à la vie privée, même si la sanction dépend des circonstances. En 2011, par exemple, des parents soupçonnant de maltraitance l'assistante maternelle qui s'occupait de leur fils de 9 mois ont placé une caméra dans une peluche. L'enregistrement a confirmé leurs doutes, et ils ont porté plainte pour mauvais traitements. L'employée les a alors poursuivis à son tour pour atteinte à la vie privée car elle avait été filmée à son insu. Le tribunal correctionnel de Lyon, en 2012, a relaxé les parents et a débouté l'assistante maternelle[1]. Surveiller sa nounou lorsqu'on a de sérieux soupçons peut donc être justifié, mais le faire continuellement et sans raison est passible de sanctions.

Les agences de soutien scolaire sont-elles fiables ?

Les cours particuliers sont disponibles à tous les niveaux et dans toutes les matières scolaires : certains, qualifiés de cours de « soutien », sont destinés aux élèves en difficulté, tandis que d'autres visent à faire prendre de l'avance sur le programme. D'expérience, les professeurs sont souvent des étudiants de master en quête d'une source de revenus complémentaire pour financer leurs études. Certains déposent une annonce dans la boulangerie du quartier ou sur Internet ; d'autres confient leur dossier à des agences spécialisées, qui les mettent ensuite en relation avec des parents.

Ces agences, dont la plus connue est Acadomia, facilitent la prise de contact, mais réclament une commission très importante, frôlant parfois les 50 %. Autrement dit, pour une intervention facturée 40 euros de l'heure aux parents, le professeur n'en reçoit que 20, déplacement compris. Il n'est donc pas étonnant que certains décident de payer « plein pot » les premières heures de cours en passant par l'agence, et de poursuivre ensuite « en direct » avec

1. « Espionner sa nounou avec une peluche-caméra n'a rien d'illégal », *L'Express*, 28 février 2012.

l'étudiant. Cela leur revient bien sûr moins cher, mais les crédits d'impôt sont perdus, sans compter qu'il s'agit de travail dissimulé, comme dans le cas d'une baby-sitter non déclarée. Pourtant, force est de constater que dans le secteur du soutien scolaire, les litiges sont beaucoup plus rares qu'en ce qui concerne les employés de maison. De plus, rien n'empêche l'étudiant de créer une microentreprise afin de pouvoir facturer directement les sommes perçues à l'employeur, auquel cas sa situation est régulière.

Plus récemment, les cours particuliers ont commencé à évoluer vers de nouveaux formats, sous l'impulsion de start-ups numériques comme MyMentor, Kartable ou encore Superprof. Celles-ci mettent en relation parents et tuteurs à des prix cassés par rapport aux agences traditionnelles[1]. Le principe est sensiblement le même que celui d'Airbnb : il est possible de choisir directement un professeur, et ensuite de le noter. Cela peut être une excellente option, mais avant de faire venir un professeur inconnu chez soi, mieux vaut prévoir un entretien téléphonique pour s'assurer de son identité et faire connaissance.

Faut-il l'accord des deux parents pour inscrire un enfant à l'école ?

Si les deux parents (qu'ils vivent ensemble ou séparés) sont titulaires de l'autorité parentale, ils doivent tous deux donner leur accord pour que l'enfant soit inscrit dans une école. Il est donc préférable de prendre une décision commune en amont, qu'il s'agisse du choix entre école publique et privée ou du type d'enseignement souhaité

1. « Le (très) juteux business du soutien scolaire », *Le Parisien*, 18 novembre 2018.

– par exemple, les écoles Montessori sont de plus en plus populaires ; il existe également des écoles religieuses.

À défaut de trouver un terrain d'entente (cela arrive par exemple quand les parents sont séparés), les parents doivent saisir le juge aux affaires familiales en urgence, car l'enfant ne peut pas être déscolarisé. L'idéal est de se rapprocher d'un avocat et d'envisager une assignation à bref délai afin que le jugement soit rendu rapidement. Au cours de la procédure, des éléments de preuve doivent être apportés de manière à guider la réflexion du juge : il peut s'agir de témoignages matérialisés par des attestations sur l'honneur, par exemple concernant la proximité géographique d'un établissement donné, les liens d'amitié entre l'enfant et ses camarades...

Désaccord avec un enseignant : comment s'en sortir ?

Que l'école soit publique ou privée, un différend avec l'un des enseignants, voire avec le chef d'établissement, est vite arrivé. Si cela se produit, commencez par vous assurer que vous n'avez pas affaire à un cas de maltraitance ou de harcèlement envers votre enfant, ou à l'absentéisme d'un professeur non remplacé.

Une fois ces hypothèses écartées, la première chose à faire est de solliciter un rendez-vous avec la personne concernée dans le but d'échanger les points de vue. S'il s'agit d'un professeur, il est tout à fait possible de demander au directeur d'assister à l'entrevue. En cas de désaccord persistant, l'ultime recours est de saisir le rectorat qui, si la situation l'exige, peut diligenter une enquête avant de rendre un rapport. Sachez que le rectorat dispose d'un pouvoir de sanction vis-à-vis des établissements qui dépendent de lui.

En revanche, si vos inquiétudes concernent des faits qui peuvent cacher des infractions pénales, comme de la maltraitance ou du harcèlement, mieux vaut déposer plainte. Pour cela, vous devez avoir réuni au préalable suffisamment de preuves pour étayer vos propos – par exemple, prenez l'habitude de laisser systématiquement une trace écrite lorsqu'un problème survient, dans le carnet de correspondance de votre enfant ou par courrier.

Mon enfant peut-il prendre les transports seul ?

En France, pour les trajets en train, les enfants de moins de 12 ans doivent être accompagnés d'une personne majeure lors de leurs déplacements. De 12 à 16 ans, ils peuvent voyager seuls, mais doivent être en mesure de fournir une autorisation de leur représentant légal. Pour le bus et le métro, cela dépend des enfants, mais cela est possible avant 12 ans.

Faut-il souscrire une assurance pour une trottinette ?

Certains les adorent, d'autres les maudissent : les trottinettes font désormais partie de notre vie de tous les jours, et les enfants ne sont plus les seuls à les utiliser. Privées ou partagées, elles sont souvent électriques, ce qui peut engendrer de graves accidents à cause de la vitesse, qui atteint 25 kilomètres-heure. Les modèles électriques en libre-service ne sont d'ailleurs accessibles qu'à partir de 12 ans[1].

1. Article 23 du décret n° 2019-1082 du 23 octobre 2019 relatif à la réglementation des engins de déplacement personnel.

Les propriétaires d'une trottinette ont donc l'obligation de souscrire une assurance responsabilité civile spécifique. En effet, depuis novembre 2019[1], la trottinette est considérée comme un véhicule terrestre à moteur, ce qui exige une couverture supplémentaire par rapport à l'assurance habitation. Assurer sa trottinette n'est pas très onéreux : pour 10 euros par mois, on est couvert en cas d'accident.

1. *Ibid.*

5

Les enfants et les réseaux sociaux

Comment protéger son enfant des réseaux sociaux sans les lui interdire ?

Les enfants disposent d'un téléphone portable, et donc d'un accès à Internet, de plus en plus jeunes ; il est très difficile d'aller à contre-courant de cette tendance car ils risqueraient de se comparer à leurs camarades de classe mieux lotis.

Reste qu'un parent peut légitimement se préoccuper de la vie en ligne de son enfant et souhaiter superviser celle-ci. Devenir « ami » avec son enfant sur les réseaux sociaux pour avoir accès aux informations de son compte n'est pas forcément une bonne solution, car ce dernier peut restreindre le contenu qu'il publie à certains utilisateurs. Plutôt que d'avoir recours à un tel stratagème, mieux vaut être dans une logique de dialogue et de prévention, en installant par exemple les applications des différents réseaux sociaux sur son propre téléphone, et en expliquant à son enfant pourquoi on ne le laisse y accéder que sous surveillance.

Doter son enfant d'un smartphone suppose intrinsèquement d'avoir moins de visibilité sur son activité numérique. Il est donc préférable d'attendre qu'il soit au moins au collège, et de lui accorder progressivement de l'autonomie.

Rien n'empêche par ailleurs d'installer un contrôle parental et de limiter le temps d'utilisation de l'appareil. Il est également possible d'avoir recours à la géolocalisation, ce qui rassure beaucoup certains parents.

Savoir détecter les signes de harcèlement scolaire

Le harcèlement scolaire est plus fréquent qu'on ne le pense et peut avoir des conséquences dramatiques. Chaque année, certains élèves persécutés finissent par se suicider ou tentent de le faire. Un enfant qui se fait harceler à l'école a généralement du mal à en parler à ses parents et préfère taire ses souffrances, soit parce qu'il n'ose pas s'exprimer, soit par crainte des représailles. Les élèves fragiles ou qui présentent une différence – dyslexie, surpoids, caractère physique quelconque... – sont souvent pris pour cible.

Le harcèlement est généralement impulsé par un ou deux camarades qui peuvent ensuite en rallier d'autres, jusqu'à, dans certains cas, la classe entière. Dans les faits, les persécutions peuvent être d'ordre moral, physique, prendre la forme de racket... Parmi les signaux qui doivent alerter, on trouve notamment une fatigue inexpliquée, la baisse des résultats scolaires ou encore un refus d'aller en classe. Dans ce cas, l'attitude à adopter est de questionner son enfant avec bienveillance et de ne pas laisser la situation se dégrader.

Les parents des harceleurs, confrontés à l'attitude de leur enfant, tombent parfois eux aussi de haut. Le comportement à l'école peut être extrêmement différent de celui à la maison. Généralement, les élèves à l'origine des persécutions justifient leurs actes et leurs paroles par un phénomène de groupe et de surenchère. La logique de prévention fonctionne donc dans les deux sens : il faut également s'assurer que son enfant ne harcèle pas les autres.

Cela peut paraître surprenant, mais les enfants autrefois harcelés passent parfois de l'autre côté et se mettent à intimider les autres plus tard dans leur scolarité.

Si l'on a de bonnes raisons de croire que son enfant est harcelé, il faut réunir autant de preuves que possible avant de porter plainte. Les délais pour obtenir un jugement sont néanmoins parfois longs et les peines, pas toujours à la hauteur des attentes. Quant aux recours, ils dépendent du statut de l'établissement scolaire. Pour intenter une procédure et effectuer des démarches juridiques, le mineur doit être accompagné par son représentant légal.

OnlyFans, un phénomène de prostitution déguisée

OnlyFans est une plateforme bien connue des adolescents : on peut y vendre des photos et des vidéos de soi, réaliser des *live* ou encore partager du contenu personnalisé. Plus les utilisateurs rassemblent d'abonnés, ou « fans », plus ils gagnent de l'argent. Une partie des bénéfices est reversée à la plateforme, dont le siège social est basé à Londres.

De plus en plus de mineurs sont actifs sur ce site sans que leurs parents le sachent. Or les clichés qui circulent sont sensibles – en pratique, il s'agit surtout de contenu à caractère sexuel et pornographique, même s'il existe des pages dédiées à la musique, au fitness… –, et risquent d'être exploités à des fins indésirables ou d'être partagés de manière incontrôlable sur Internet. Certains adolescents ou étudiants trouvent dans OnlyFans une source de revenus importante : les abonnés payant en moyenne 10 dollars pour avoir accès à leur contenu, cela peut aller jusqu'à plusieurs milliers d'euros par mois. Pourtant, les conséquences en termes psychologiques sont considérables.

Envoi de nudes *: être dans une démarche de prévention*

L'envoi de *nudes*, c'est-à-dire de photos de soi dénudé, est aujourd'hui une pratique courante. On se souvient tous du candidat à la mairie de Paris, Benjamin Griveaux, qui a décidé de se retirer de la campagne à la suite de la découverte de certaines vidéos compromettantes...

Les adolescents sont de plus en plus jeunes à céder à cette tendance, et à s'envoyer des photos de certaines parties de leur corps. Naturellement, la personne qui prend un *nude* le fait pour un destinataire précis. Cependant, il arrive que ce destinataire partage le cliché avec d'autres, voire qu'il fasse du chantage en menaçant de le diffuser. Sur certains réseaux sociaux comme Instagram, il existe même des comptes dédiés, publiant des *nudes* sans le consentement de ceux ou de celles qui les ont envoyés. On les appelle des comptes « fischa », terme qui dérive de « s'afficher », autrement dit, se couvrir de ridicule.

Statistiquement, ce sont plutôt les hommes qui reçoivent des *nudes*, voire qui les réclament comme une « preuve de confiance ». Les femmes, quant à elles, sont plus souvent visées par le chantage. Si chacun est libre de se photographier nu, il est judicieux d'expliquer les risques de cette pratique aux plus jeunes et de leur donner quelques règles d'or : ne jamais laisser apparaître son visage, éviter d'exposer des signes distinctifs comme un tatouage ou un piercing, faire en sorte que l'on ne puisse pas reconnaître une chambre à l'arrière-plan... Mieux vaut prendre le taureau par les cornes, d'autant que les adolescents ont souvent trop honte pour aborder le sujet d'eux-mêmes.

L'envoi de *nudes* se fait généralement à travers les réseaux sociaux. Certaines applications, comme Snapchat, permettent d'échanger des photos éphémères auxquelles le destinataire n'a accès que pendant une poignée de secondes. S'il prend une capture d'écran pour sauvegarder le contenu, l'expéditeur reçoit une notification. Bien sûr, il est possible de prendre une photo de l'écran avec un second appareil : la sécurité est donc toute relative… Le plus prudent est de partir du principe que toute photo envoyée peut un jour se retrouver sur Internet.

Si votre enfant ou vous-même êtes victime de *revenge porn*, ou « vengeance pornographique », il ne faut surtout pas céder au chantage ni s'acquitter d'aucune somme d'argent. Conservez une trace de tous les messages envoyés et n'hésitez pas à les faire constater par un commissaire de justice. Dans l'hypothèse où il s'agit de votre enfant, il est également conseillé de prévenir l'école, car les photos s'échangent généralement entre élèves d'un même établissement. Parfois, il est trop tard pour empêcher la diffusion et l'enfant est victime de harcèlement : il est alors possible de solliciter un changement d'établissement en vous adressant en premier lieu au directeur de l'établissement actuel. En cas de refus, vous pourrez vous tourner vers le directeur académique des services de l'Éducation nationale (Dasen). Il faudra également signaler les contenus sur les différents réseaux sociaux concernés et, bien entendu, porter plainte. Enfin, un signalement peut aussi être réalisé sur le site du ministère de l'Intérieur.

La diffusion de clichés intimes sans consentement constitue un délit, sanctionné par une peine pouvant aller jusqu'à 2 ans d'emprisonnement et 60 000 euros d'amende[1]. En pratique, les sanctions semblent parfois légères par rapport aux préjudices subis : par exemple, le 24 mars 2021, le tribunal correctionnel de Nevers a condamné un prévenu

1. Article 226-2-1 du Code pénal.

dans le cadre d'un procès pour *revenge porn* à une peine de 4 mois d'emprisonnement avec sursis, et à verser la somme de 800 euros à titre de dommages-intérêts à la victime[1]. Rappelons que chaque peine est individualisée et prend en compte plusieurs éléments : le casier judiciaire du prévenu, ses éventuelles condamnations précédentes pour des faits similaires, les éléments de contexte…

Peut-on poster des photos de son enfant mineur sur les réseaux sociaux ?

Le *sharenting*, contraction des termes *share* (« partager ») et *parenting* (« jouer son rôle de parent »), a le vent en poupe. Pour rendre publique une photo de quelqu'un, il faut en principe recueillir son consentement : or les enfants mineurs, surtout s'ils sont très jeunes, ne sont pas en mesure de donner leur accord. Les parents sont donc seuls décisionnaires de ce qu'ils postent.

En réalité, même si rien n'interdit de le faire, il n'est pas recommandé de partager des photos de ses jeunes enfants – d'une part parce qu'ils pourraient en être contrariés une fois adultes, et d'autre part parce que des personnes malveillantes peuvent enregistrer ce type de contenu sur leur ordinateur et en faire un mauvais usage. Si l'on tient absolument à poster les clichés en question, il est préférable de paramétrer les réglages du compte en mode privé, pour restreindre l'accès aux personnes que l'on connaît vraiment.

Lors de séparations conflictuelles, il n'est pas rare de voir un parent accuser l'autre d'exposer leur enfant sur les réseaux sociaux sans son accord. En saisissant le juge aux

1. « Quatre mois de prison avec sursis pour la vengeance pornographique d'un Nivernais », *Le Journal du Centre*, 25 mars 2021.

affaires familiales, il est possible d'obtenir une interdiction de publier sans concertation préalable et la suppression des photos déjà en ligne. Si l'autre parent ne s'exécute pas ou se montre de mauvaise volonté, une éventuelle astreinte le contraindra à obtempérer plus rapidement.

À plusieurs reprises, la Cour de cassation a donné raison à des parents qui ne voulaient pas voir des clichés de leur enfant diffusés sans leur accord[1] ; dans d'autres cas, elle a estimé que lorsque les photos étaient partagées dans un cadre restreint, par exemple un compte Facebook non public[2], le reproche n'avait pas lieu d'être.

Bien que cela ne se soit jamais produit en France – à ma connaissance, aucune personne n'a procédé ainsi dans l'Hexagone, ou, si cela a été le cas, cela n'a pas été médiatisé – il peut également arriver que ce soit l'enfant qui, une fois devenu majeur, dépose plainte contre ses parents pour violation de la vie privée et droit à l'image : c'est ce qu'a fait en 2016 une jeune fille autrichienne de 18 ans, qui reprochait à ses parents d'avoir publié environ 500 photos d'elle quand elle était mineure[3]. En France, il est possible qu'un encadrement juridique voie le jour prochainement.

1. Cour d'appel de Paris, 9 février 2017, n° 15-13956.

2. Cour d'appel de Bordeaux, 4 janvier 2011, n° 09-00788.

3. « Ses parents publient des photos d'elle sur Facebook, elle les attaque en justice », *Le Parisien*, 15 septembre 2016.

6

La séparation

« Tu préfères vivre avec papa ou avec maman ? »

Lors d'une séparation, la plupart des couples sont avant tout préoccupés par la question de la résidence de leur enfant. D'un point de vue psychologique, demander directement son avis à ce dernier risque de le placer dans une situation très inconfortable. Sur le plan juridique, le mineur est néanmoins en mesure d'émettre des préférences qui, en pratique, sont souvent prises en considération. S'il demande à s'exprimer et qu'il possède un discernement suffisant pour le faire, il sera entendu par le juge, qui produira ensuite un compte rendu[1] où sera mentionné, en principe, tout soupçon de conflit de loyauté.

Par ailleurs, il existe un principe d'unité familiale selon lequel on ne sépare pas les frères et sœurs. Ce principe n'est cependant pas absolu, et il peut arriver qu'une fratrie soit séparée entre les domiciles des deux parents[2].

1. Article 388-1 du Code civil.
2. Article 371-5 du Code civil.

Comment organiser une résidence alternée ?

Statistiquement, les femmes obtiennent souvent la garde de leurs enfants, tandis que les pères se contentent d'un week-end sur deux et de la moitié des vacances scolaires. Cependant, de plus en plus d'ex-couples optent pour la résidence alternée. Dans ce système, l'enfant passe en principe autant de temps chez un parent que chez l'autre, mais le format peut aussi être inégal – par exemple, quatre jours par semaine chez un parent et trois chez l'autre.

Lorsqu'elle est acceptée par les deux parents, la résidence alternée est relativement simple à mettre en place. Elle est généralement planifiée au moment du divorce, à travers un jugement ou une convention. En revanche, en cas de rupture de Pacs ou de concubinage, il est possible de ne pas l'officialiser et de compter sur la bonne volonté de chacun, mais cela suppose que les relations soient restées cordiales. On peut également la rendre effective d'un point de vue juridique, au moyen d'une convention parentale homologuée par le juge aux affaires familiales.

À défaut d'accord entre les parents sur l'organisation du temps de l'enfant, c'est encore au juge qu'il revient de trancher. Une résidence alternée est parfois difficile à imposer mais certains critères peuvent favoriser sa mise en place : proximité géographique des domiciles des parents, chambre disponible pour l'enfant dans les deux logements… Certains juges prennent en compte l'état de la relation entre les parents pour déterminer si la résidence alternée est viable en pratique, un climat délétère pouvant naturellement constituer un frein. Il arrive même que des parents attisent les conflits dans le but d'imposer leur volonté sur le sujet ! Parmi les autres critères étudiés, on trouve bien sûr l'avis de l'enfant lui-même s'il est en âge de s'exprimer, mais aussi son âge. Plus il est grand et apte à se déplacer en autonomie, plus la résidence alternée sera fluide.

Lorsque la situation l'exige, la résidence alternée est introduite progressivement, en augmentant au fil du temps les droits de visite et d'hébergement du parent qui n'a pas la résidence habituelle de l'enfant. Cela se fait notamment quand ce dernier est encore très jeune et que l'on souhaite éviter de bouleverser son quotidien.

Déménager malgré le désaccord de son ex : risque-t-on une sanction ?

Un parent qui déménage a le devoir d'en informer « en temps utile » l'autre titulaire de l'autorité parentale. Cela doit être fait dans le mois qui suit le changement d'adresse, sans quoi il s'agit d'un délit pénal passible d'une peine pouvant aller jusqu'à 6 mois d'emprisonnement et 7 500 euros d'amende. Pour que ce délit soit caractérisé, il faut toutefois que le parent maintenu dans l'ignorance ait des droits de visite et d'hébergement en vertu d'un jugement, d'une convention parentale homologuée ou d'une convention de divorce[1].

Si l'on a averti l'autre parent, celui-ci peut saisir le juge aux affaires familiales et lui demander de statuer sur la future résidence habituelle de l'enfant. La préoccupation principale des juges est généralement de ne pas bouleverser les habitudes du mineur. Un père que je représentais a par exemple tiré profit d'une situation de ce type : la mère avait décidé de quitter Paris pour Marseille sans l'avertir, prétendument du jour au lendemain – en réalité, le départ

1. Article 227-6 du Code pénal.

était prémédité depuis longtemps, puisqu'elle avait déjà trouvé un logement là-bas ainsi qu'un nouveau travail. Le juge aux affaires familiales, saisi en urgence, a finalement décidé de fixer la résidence habituelle de l'enfant chez le père afin qu'il n'ait pas à changer d'école et ne perde pas tous ses repères.

Pour statuer, le juge ne prend en compte que l'intérêt du mineur, et non celui des parents. L'école et la stabilité du quotidien pèsent lourd dans la balance, surtout si le déménagement a lieu vers une destination lointaine, ce qui risque d'engendrer de nombreuses complications. Afin de minimiser celles-ci, il est préférable de déménager avant une rentrée scolaire et pas en cours d'année.

Doit-on communiquer son lieu de vacances à son ex pendant qu'on a la garde de son enfant ?

Lorsqu'on s'est séparé de quelqu'un, il est légitime de ne plus vouloir partager les détails de sa vie avec cette personne, y compris ses destinations de vacances. Pour autant, si l'on emmène l'enfant, il faut communiquer à l'autre parent le lieu du séjour. Nul besoin de s'étendre sur l'emploi du temps : le lieu suffit.

Sachez que les papiers d'identité de l'enfant doivent le suivre partout où il va, y compris en vacances, et ne pas faire l'objet d'un quelconque chantage. Cette précision peut paraître superflue mais elle a son importance car la question de la rétention de documents apparaît fréquemment dans les contentieux présentés devant le juge aux affaires familiales.

Le père de mon enfant n'utilise pas son droit de visite et d'hébergement

Lorsqu'un jugement a été rendu, il semble naturel de penser que les droits du parent qui n'a pas la résidence habituelle doivent être suivis à la lettre, puisqu'ils ont été clairement déterminés. Pourtant, comme son nom l'indique, le droit de visite et d'hébergement est un droit… et non un devoir. Il n'est donc pas possible de contraindre qui que ce soit à en faire usage. Si le refus de recevoir l'enfant provient d'un conflit antérieur, il peut être pertinent d'avoir recours à une médiation familiale pour tenter de désamorcer la situation.

Mon ex s'occupe mal de notre enfant

Certains parents refusent de respecter le droit de visite et d'hébergement de l'autre parent, soit par mauvaise volonté, soit par crainte de maltraitances. Dans cette seconde situation, il vaut mieux, pour le parent soupçonneux, déposer une main courante – ou, si les doutes s'avèrent fondés, saisir le juge et porter plainte. En effet, à défaut d'une raison valable, on s'expose à une peine d'emprisonnement d'un an et à une amende de 15 000 euros pour non-représentation d'enfant[1]. Que les maltraitances suspectées soient d'ordre psychologique, physique ou sexuel, il est essentiel de fournir au juge des éléments de preuve, par exemple des attestations sur l'honneur de proches en contact régulier avec l'enfant. En principe, l'école ne peut pas délivrer ce genre d'attestation, mais si elle constate des maltraitances ou a

1. Article 227-5 du Code pénal.

de forts soupçons, elle doit effectuer de son côté un signalement auprès du procureur de la République.

Dans les faits, avant d'en arriver à être condamné devant le tribunal correctionnel pour non-représentation d'enfant, le parent récalcitrant bénéficiera de plusieurs « chances » : il sera d'abord convoqué devant le délégué du procureur, qui lui rappellera fermement ses obligations. En cas de refus persistant, il sera poursuivi, mais la peine d'emprisonnement ferme ne tombera probablement pas en première intention.

Empêcher l'enlèvement international de son enfant

Chaque année, des enfants sont emmenés à l'étranger par l'un de leurs parents sans l'accord de l'autre. Selon le pays, les démarches pour remédier à ce type d'enlèvement peuvent être longues et périlleuses. En attendant, le parent laissé pour compte n'a plus de nouvelles.

La procédure d'opposition à la sortie du territoire est une solution en cas d'urgence extrême : elle est à effectuer auprès de la préfecture. En parallèle, il existe une procédure d'interdiction de sortie du territoire, prononcée pour une période plus longue, notamment par le juge aux affaires familiales – en général jusqu'à la majorité de l'enfant[1]. Pour l'obtenir, il faut prouver que ce dernier risque bien d'être emmené à l'étranger, au moyen de SMS, de mails, de billets d'avion, d'attestations sur l'honneur de proches… Attention, cependant : en principe, l'interdiction s'applique aux deux parents.

1. Article 373-2-6 du Code civil.

Nous sommes en désaccord sur la religion à inculquer à notre enfant

La religion d'un enfant doit être choisie conjointement par les deux titulaires de l'autorité parentale. En cas de désaccord, le juge aux affaires familiales tranche en se fondant uniquement sur l'intérêt de l'enfant. Pour ce faire, il se penche sur plusieurs critères, comme les pratiques religieuses que l'enfant connaît déjà. Bien sûr, l'idéal est que les parents parviennent à se mettre d'accord sur ce point avant la naissance de l'enfant, car il s'agit d'un sujet très personnel et qui aura des conséquences sur le reste de sa vie.

TROISIÈME PARTIE

Le couple

Si le couple revêt une importance particulière sur le plan juridique, c'est qu'il existe sous différentes formes, toutes reconnues par le droit. Deux personnes qui construisent leur vie ensemble n'ont pas les mêmes droits ni les mêmes devoirs l'une envers l'autre selon qu'elles sont mariées, en concubinage ou partenaires de Pacs.

Plus encore, les liens amoureux se font et se défont au fil du temps, à la différence des liens familiaux, qui sont immuables. Des difficultés spécifiques émergent alors au moment de la séparation. En somme, qu'il soit un espace de partage ou de conflit, le couple est régi par des règles juridiques qu'il convient de connaître, à plus forte raison en présence d'enfants ; dans cette partie sont donc abordés des thèmes clés de la vie à deux.

1

Les contrats liés au mariage

Quand et comment rédiger un contrat de mariage ?

Le contrat de mariage n'est pas obligatoire : il est tout à fait possible de se marier sans. Si contrat il y a, celui-ci doit être rédigé avant le jour J par un notaire. Cela permet aux futurs époux de choisir leur régime matrimonial – à défaut, ils seront soumis au régime de la communauté réduite aux acquêts, ce qui signifie qu'à compter du mariage, les biens acquis par l'un et l'autre sont réputés appartenir aux deux par moitié (à l'exception des biens propres, notamment les donations et successions). Quant aux biens acquis avant le mariage, chacun en restera l'unique propriétaire[1].

Le contrat rédigé par un notaire permet de choisir, par exemple, un régime de séparation de biens. Précisons que ce choix n'est pas définitif : les époux pourront le modifier tout au long de la durée de leur mariage, à condition qu'ils soient d'accord tous les deux. Le coût de la rédaction du contrat de mariage dépend du professionnel, mais il est généralement compris entre 200 et 600 euros.

1. Article 1402 du Code civil.

Les risques de l'absence de contrat de mariage

Certains époux refusent de faire rédiger un contrat de mariage, estimant que cela reviendrait à anticiper une éventuelle séparation. Or, comme évoqué plus haut, à défaut d'accord écrit, ce qui est acquis après la date du mariage est réputé – sauf exception – appartenir aux deux époux. Si l'un finance seul l'achat d'un appartement, au moment de la séparation, l'autre époux sera propriétaire par moitié, même s'il n'a pas participé au coût. Autrement dit, en cas de divorce, l'un aura fait une formidable opération financière et l'autre aura essuyé une grande perte… Des difficultés peuvent également survenir si chacun veut conserver le bien immobilier et continuer d'y vivre, ou encore si l'un veut vendre et l'autre, non.

Dans le cadre de mon activité professionnelle, j'ai connu un homme qui souhaitait divorcer pour la troisième fois. Il exerçait une profession libérale et s'était toujours marié sans aucun contrat. Durant chacune de ses relations, il avait acheté un bien immobilier onéreux dans le triangle d'or de la capitale ; et à chaque divorce, l'épouse avait été réputée propriétaire par moitié. Lors des deux premiers divorces, il avait décidé de laisser à l'autre tout le logement, renonçant aux 50 % qui lui revenaient, car il devait aussi verser une prestation compensatoire (aucune de ses épouses ne travaillait de façon régulière). Il avait donc déjà perdu deux biens immobiliers, un troisième était en cours de négociation, et il souhaitait épouser une quatrième femme, espérant pouvoir (enfin) faire rédiger un contrat de mariage sous le régime de la séparation de biens…

Dois-je prendre le nom de mon mari ?

Il n'existe en France aucune obligation pour les femmes de prendre le nom de famille de leur mari. De plus, contrairement à ce que l'on entend souvent dire, une femme ne « prend » pas de nouveau nom à proprement parler : elle conserve son nom de jeune fille, tandis que l'autre lui sert à titre d'usage. Il s'agit donc d'un droit, mais en aucun cas d'un devoir. Le mari peut aussi porter le nom de sa femme, même si cela demeure très rare.

Un des arguments en faveur du nom d'usage est de permettre l'unité familiale, en particulier si les enfants portent uniquement le nom de l'un des parents. *A contrario*, d'un point de vue professionnel, notamment au sein des professions libérales, il est parfois compliqué de renoncer à son nom de jeune fille, car cela peut créer une confusion chez les clients ou les patients.

Peut-on mettre un terme au contrat qui nous lie avec un wedding planner *?*

Le rôle du *wedding planner* est de superviser, du début à la fin, l'organisation d'un mariage. Il planifie tout dans les moindres détails, ce qui allège considérablement la charge mentale des futurs époux. Au moment de l'engager, il faut lui communiquer un budget, en fonction duquel il fera différentes propositions : en effet, l'organisation a un coût, et il est préférable de rédiger un contrat assez détaillé afin d'éviter les mauvaises surprises.

En 2020, en raison de la crise de la Covid-19, le nombre de mariages a chuté d'environ 30 % par rapport à 2019[1].

1. « Une chute historique du nombre de mariages en 2020 à la suite des restrictions sanitaires », Insee, 11 février 2022.

À cause des restrictions sanitaires, beaucoup de couples ont choisi d'annuler ou de reporter leur cérémonie. La question du remboursement des frais engagés s'est alors posée. Dans cette situation, le *wedding planner* et tous les autres prestataires qui n'ont pas pu exécuter leurs missions comme convenu doivent restituer les acomptes qu'ils ont reçus. Ils peuvent éventuellement proposer un report, mais les époux ont tout à fait le droit de refuser, puisque la date du mariage est un élément essentiel du contrat. Un prestataire ne peut donc pas se prétendre de bonne foi en arguant qu'il offre une alternative et que c'est le client qui crée des difficultés[1].

L'annulation du recours à un *wedding planner* peut intervenir pour bien d'autres raisons que les restrictions sanitaires liées à la Covid-19 : il peut s'agir d'une rupture, de problèmes de santé, d'une meilleure offre trouvée ailleurs… Lorsque cela se produit, commencez par relire votre contrat et vérifiez qu'aucune clause défavorable ne vous a échappé lors de la signature. Les conditions générales sont plus ou moins détaillées selon les prestataires, mais beaucoup ne prévoient pas de remboursement quand le client annule unilatéralement. D'autres ajustent le montant en fonction de la date d'annulation : plus celle-ci intervient tard, moins ils restituent d'argent.

Les futurs époux les plus prudents ont la possibilité de souscrire une « assurance annulation mariage », qui couvre les frais non remboursables en cas d'annulation ou de report. Le prix varie en fonction des options prévues par le contrat, lesquelles doivent être minutieusement examinées, et se situe généralement entre 1 et 3 % du coût total du mariage.

Lorsqu'on n'a pas d'autre option que d'annuler la prestation du *wedding planner*, l'idéal est naturellement

1. Tribunal judiciaire de Dreux, 15 juin 2021, n° 11-21000062.

de rechercher une solution amiable. À défaut, il reste à lui adresser une mise en demeure : si malgré ce courrier, aucune issue n'est trouvée, il faudra saisir le tribunal compétent pour obtenir la restitution de l'acompte. Selon les circonstances, on pourra également réclamer des dommages-intérêts, étant donné la résistance abusive et la mauvaise volonté du prestataire[1]. Ceux-ci s'ajouteront aux intérêts légaux qu'il devra verser compte tenu du retard du remboursement.

1. Tribunal judiciaire de Tours, 3 février 2021, n° 20-02891 ; tribunal judiciaire d'Aix-en-Provence, 9 avril 2021, n° 11-20-000998.

2

Le concubinage et le Pacs

Le concubinage apporte-t-il la liberté ou la sécurité ?

Lors de la promulgation du Code civil de 1804, Napoléon Bonaparte avait affirmé au sujet des concubins : « Les concubins se passent de la Loi, la Loi se désintéresse d'eux. » Le concubinage laisse effectivement une liberté totale pour organiser sa vie de couple, mais il offre en contrepartie moins de sécurité. Lors d'une éventuelle rupture, il n'y a par exemple ni devoir de secours ni prestation compensatoire. En cas de présence d'enfants, aucun jugement n'est rendu au moment de la rupture : les parents doivent s'arranger amiablement en naviguant dans une zone grise du droit.

Il en va de même si le père ne veut pas reconnaître l'enfant : la présomption de paternité applicable dans le cadre du mariage ne concerne pas le concubinage, et la mère devra effectuer toutes les démarches juridiques pertinentes si elle souhaite obtenir une reconnaissance. Lorsque l'homme conteste ladite paternité, cela peut prendre des années.

Comment acheter ou louer un logement avec son concubin sans risque ?

Pour acquérir un bien immobilier en commun, il n'est pas nécessaire d'être mariés ni de faire partie de la même famille. Deux concubins peuvent donc tout à fait acheter un logement ensemble. La première possibilité est d'opter pour un achat en indivision, facile à mettre en œuvre et léger en formalités. En procédant ainsi, les deux concubins verront leur nom inscrit sur l'acte de vente. Une autre solution est de procéder à l'achat par le biais d'une société civile immobilière (SCI) : concrètement, les concubins créent ensemble une société et en détiennent chacun des parts à hauteur de leur apport. Cette option est intéressante, mais il est parfois plus difficile de se défaire d'une SCI que de l'indivision. Quoi qu'il en soit, il est recommandé de se faire aider par un professionnel pour choisir la solution la plus adaptée.

La rupture d'un concubinage ne suppose aucune formalité particulière, mais, les concubins vivant sous le même toit, ils doivent s'organiser pour savoir qui restera dans le logement commun. L'apport personnel de chacun a alors des conséquences importantes : en théorie, chacun restera propriétaire en fonction de sa contribution. Un concubin peut aussi, s'il le souhaite et s'il en a les moyens, racheter la part de l'autre.

Lorsque le logement est la propriété de l'un des concubins, celui-ci conserve naturellement son bien. En cas de location, il convient, avant toute chose, de vérifier qui a conclu le bail : si un seul nom figure sur le document, cette personne reste locataire en titre, et c'est à l'autre de se reloger. Cela se produit fréquemment dans des cas de figure où l'un des concubins a emménagé chez l'autre.

Précisons que si vous accueillez quelqu'un chez vous et souhaitez faire figurer son nom sur le bail, il faut avoir l'accord du propriétaire, qui doit être matérialisé par un avenant au contrat initial.

Dans l'hypothèse où les deux concubins inscrivent leur nom sur le bail dès le départ, il est important de vérifier si celui-ci comprend une clause de solidarité. Celle-ci permet au propriétaire de réclamer le paiement intégral du loyer et des charges indifféremment à l'un ou l'autre locataire ; sans elle, il ne peut demander à chacun que sa part, c'est-à-dire la moitié du montant.

Concernant la rupture d'un contrat de bail, lorsque les deux concubins sont d'accord pour quitter le logement, ils doivent envoyer, ensemble ou séparément, une lettre de préavis afin de signifier leur volonté commune de mettre fin à la location. Si l'un d'entre eux souhaite continuer à habiter le logement, seul l'autre doit envoyer sa lettre de préavis. Il convient d'être vigilant et de s'assurer que celui qui reste aura les ressources suffisantes pour assumer seul le montant du loyer et des charges, une fois que la période de préavis du concubin ayant choisi de partir sera arrivée à son terme.

J'ai avancé une somme pour les travaux de mon concubin : puis-je les récupérer ?

Deux concubins qui envisagent de vivre ensemble financent parfois des travaux dans un bien immobilier appartenant à l'un ou à l'autre. Quand survient la rupture, la personne qui a avancé de l'argent renonce donc à bénéficier de travaux qu'elle a pourtant payés. Il est fréquent, dans ce cas, qu'elle souhaite se faire rembourser.

À la différence du mariage, la notion de contribution aux charges de la vie courante est floue dans le concubinage : il n'y a actuellement aucune disposition légale concernant les dépenses communes. Cependant, cette question a été récemment tranchée, et sans ambiguïté, par la Cour de cassation : « La Cour d'appel a pu déduire que M. S. avait participé au financement des travaux de l'immeuble de sa compagne au titre de sa contribution aux dépenses de la vie courante [...] de sorte que les dépenses qu'il avait ainsi exposées devaient rester à sa charge[1, 2]. »

En conclusion, mieux vaut ne pas avancer de somme trop importante sans reconnaissance de dette, à moins d'être certain de vouloir en faire cadeau à son concubin !

Quels sont les avantages et les inconvénients du Pacs ?

Le Pacs est un contrat si simple à conclure qu'il constitue désormais, pour un nombre croissant de couples, une alternative au mariage. Une fois noué, ce type d'union offre à la fois une sécurité plus grande que le concubinage et davantage de flexibilité que le mariage.

D'un point de vue fiscal, se pacser est plus avantageux que de vivre en concubinage : les partenaires déclarent leurs revenus en commun, comme les couples mariés. Ils se doivent en outre « une aide matérielle et une assistance réciproques ». Sauf dispositions contraires décidées au moment de l'enregistrement du Pacs, ces aides, si elles sont versées, sont calculées en fonction des ressources respectives des

1. Cour de cassation, première chambre civile, 2 septembre 2020, n° 19-10477.

2. Cependant, la qualification de « dépense de la vie courante » n'est pas retenue systématiquement par la jurisprudence.

membres du couple. Ceux-ci sont également liés par une solidarité concernant les dettes contractées pour les besoins de la vie courante, à moins qu'elles ne soient excessives. En revanche, en l'absence de testament, ils n'héritent pas l'un de l'autre de façon automatique en cas de décès. Enfin, sachez que la conclusion d'un Pacs est une raison valable pour bénéficier de quatre jours de congé[1] !

Deux partenaires de Pacs décidant d'acquérir ensemble un bien immobilier seront, sauf disposition contraire, propriétaires à hauteur de leurs apports financiers respectifs, car le régime de la séparation de biens s'applique par défaut – sauf dans le cas des Pacs conclus avant le 1er janvier 2007, pour lesquels c'est le régime de l'indivision qui est retenu. Toute rupture devra être officialisée et, le cas échéant, une décision prise en commun quant à l'éventualité de la vente du bien.

En cas de location, la situation des partenaires sera similaire à celle de deux concubins, à la différence qu'ils bénéficieront de la cotitularité du bail au même titre que des conjoints, sur demande adressée au propriétaire[2].

1. Articles L. 3142-4 et L. 3142-4 du Code du travail.
2. Article 1751 du Code civil.

3

La vie conjugale

Un délit de non-partage des tâches domestiques va-t-il voir le jour ?

La proposition faite en 2022 par une députée Europe Écologie Les Verts d'instaurer un délit de « non-partage des tâches domestiques » semble certainement saugrenue, mais elle a le mérite de poser la question de la charge mentale qui pèse trop souvent sur les femmes[1].

Le concept de charge mentale n'est pas nouveau, mais il n'a fait que récemment son entrée dans le langage courant. En 1984, la sociologue française Monique Haicault expliquait déjà que « la notion de "charge mentale" souligne le poids [d'une] gestion globale, sa complexité croissante et ses contraintes, mais aussi la pluralité des compétences cognitives qu'elle mobilise. Des capacités mentales de gestion et d'organisation mais aussi de prévision, de mémorisation, de coordination, de réponse aux imprévus. Elles supposent aussi la maîtrise des temporalités multiples propres aux activités de chacun, leur agencement au sein de l'espace global couvert par leurs lieux de vie où s'inscrivent aussi

1. « Un "délit de non-partage des tâches domestiques", est-ce bien sérieux ? », *Le Figaro*, 7 avril 2022.

différentes mobilités. Il s'agit en outre de capacités d'empathie, de disponibilité affective pour maintenir en bon état physique et moral les membres de la famille, sur le court et le moyen terme[1] ».

Les femmes sont bien souvent chargées de s'occuper des enfants, des tâches ménagères, de l'organisation et de la logistique du foyer. En théorie, la tendance est à une meilleure répartition du travail domestique entre les membres du couple, mais en pratique, le chemin est encore long, d'où l'idée d'officialiser ce partage par écrit, sous la forme d'un document qui ne serait certes valable qu'au sein du foyer, mais qui permettrait à chacun de prendre conscience de ce qu'il fait au quotidien – ou ne fait pas !

L'infidélité est-elle envisageable lorsqu'on est marié ?

La fidélité fait partie des devoirs à respecter au sein d'un couple marié, mais, pour certains, cette obligation a plutôt une valeur symbolique. Dans les faits, l'adultère n'est plus systématiquement cause de divorce pour faute, comme c'était le cas il y a quelques décennies. D'ailleurs, les constats d'adultère rédigés par un commissaire de justice sont de plus en plus rares.

Si elle est souvent pointée du doigt et jugée inacceptable socialement, l'infidélité n'est pas pour autant toujours un problème : certains couples acceptent, tacitement ou expressément, que chacun fasse ce qu'il souhaite. Le libertinage est contraire aux principes fondamentaux du mariage, mais rien n'empêche les époux de rédiger un document sur le sujet afin de formaliser leur accord. Celui-ci aura

1. « La gestion ordinaire de la vie en deux », *Sociologie du travail*, 26/3, *Travail des femmes et famille*, juillet-août-septembre 1984, p. 268-277.

une portée morale plutôt que juridique, mais en cas de divorce pour faute, il pourra éventuellement constituer un élément de preuve.

Peut-on être mariés sans vivre sous le même toit ?

Du point de vue du droit, être mariés implique que l'on vive ensemble. Même sans cohabitation, les devoirs liés au mariage sont maintenus. S'ils souhaitent avoir deux logements, les époux doivent tous deux donner leur accord – afin que celui qui a quitté le foyer d'origine ne puisse pas se le voir reprocher en cas de rupture définitive.

En revanche, si l'un des époux délaisse le domicile conjugal sans consulter l'autre, il s'agit là d'une faute. Pour l'éviter, il est dans l'intérêt de celui qui s'en va de déposer au préalable une main courante en exposant les raisons de son départ. Une procédure de séparation de corps, qui permet aux époux de rester mariés sans cohabiter, pourra être envisagée, mais les autres devoirs inhérents au mariage continueront de s'appliquer.

Violer son conjoint : est-ce puni ?

Avant 2006, le viol conjugal n'était pas reconnu par le Code pénal et, par conséquent, pas sanctionné[1]. On présumait qu'au sein d'un couple marié, il existait une forme de consentement tacite. Aujourd'hui, le fait de violer son époux est au contraire considéré comme une circonstance aggravante, et la peine encourue est de 20 ans de réclusion

1. Loi du 4 avril 2006 renforçant la prévention et la répression des violences au sein du couple ou commises contre les mineurs.

criminelle[1]. Si cela représente une avancée non négligeable, le crime en lui-même est très difficile à prouver. En effet, établir l'absence de consentement au moment des faits est presque impossible, à moins de disposer d'enregistrements audio ou vidéo. À défaut, c'est la parole de l'un contre celle de l'autre.

Cela étant, il arrive que des vidéos permettent de prouver un viol conjugal. Cela s'est produit notamment dans une affaire dévoilée en 2021, avec un cas de viol par « soumission chimique » – une forme de viol qui évoque plutôt les boîtes de nuit que le cadre conjugal, mais qui est moins rare qu'on ne le pense. Les faits se sont déroulés dans le sud de la France : depuis 2013, le mari droguait son épouse pour la proposer à d'autres hommes pendant son sommeil[2]. Pour ajouter à l'horreur de la situation, il filmait les ébats. Cela aurait pu durer longtemps, mais le mari avait aussi la fâcheuse habitude de filmer sous les jupes d'autres femmes au supermarché, et trois d'entre elles ont porté plainte. Bien qu'il ait tenté de faire passer cela pour des faits isolés, une perquisition a eu lieu, au cours de laquelle les vidéos de sa femme inconsciente violée par des inconnus ont été trouvées. L'enquête a établi qu'il lui administrait des tranquillisants à son insu pendant les repas. Elle avait déjà consulté un neurologue pour des problèmes de « trous noirs » et de « moments d'absence », mais n'avait jamais imaginé un seul instant que son mari, avec qui elle vivait depuis cinquante ans, puisse se livrer à des actes aussi monstrueux[3].

1. Article 222-24 du Code pénal.

2. « Viols par "soumission chimique" : son mari la droguait pour l'offrir à des inconnus », *Le Figaro*, 29 septembre 2021.

3. « Retour sur une affaire hors-norme de viol par soumission chimique », francetvinfo.fr, 30 septembre 2021.

En cas de viol, il est recommandé de ne pas se laver afin que des prélèvements puissent être effectués dans une unité médico-judiciaire après le dépôt de plainte. Le témoignage de proches ou de voisins peut également être apporté, ainsi que tout autre élément de preuve.

Cliquer, c'est tromper

Les sites de rencontres s'étant largement démocratisés au cours des dernières décennies, la question de leur fréquentation par des personnes mariées peut légitimement être posée : l'adultère virtuel est-il assimilable à un adultère réel, et peut-il représenter une faute dans le cadre d'un divorce ? D'après différents arrêts très explicites de la Cour de cassation, il peut effectivement s'agir d'une faute, quand bien même il n'y aurait eu que des échanges en ligne et pas de rencontre réelle. La cour d'appel de Limoges a par exemple jugé en 2012, concernant un homme qui avait déclaré « s'être rendu sur des sites internet et avoir voulu "faire des rencontres féminines", mais sans pour autant [...] qu'il y ait eu des passages à l'acte, ni même de véritables rencontres, ayant seulement recherché un réconfort intellectuel dans une période jugée pénible pour lui », que ce comportement était « *a minima* injurieux pour l'épouse, et ces deux griefs [suffisaient] à eux seuls pour constituer des manquements graves aux obligations du mariage rendant intolérable le maintien de la vie commune, sans qu'il soit besoin en outre d'établir l'alcoolisme du mari[1] ». En 2014, la Cour de cassation a estimé, concernant cette fois une femme, que « les "mails" équivoques échangés sur "netlog" par l'épouse avec un certain nombre de correspondants

1. Cour d'appel de Limoges, 22 mars 2012, n° 11-00079.

masculins, ainsi que les photographies intimes de cette dernière, établissent que celle-ci avait un comportement de recherches de relations masculines multiples et [la cour] retient que ce comportement, sans rapport avec son état dépressif, constitue un manquement grave et renouvelé aux obligations du mariage[1] ».

Outre le fait de fréquenter un site de rencontres, il semblerait que le nombre de « conquêtes virtuelles » ait également son importance. Quoi qu'il en soit, la « tromperie virtuelle » peut donc être assimilée à une faute.

Fréquenter des sites pornographiques, est-ce une faute ?

La fréquentation de sites pornographiques n'est pas une faute en soi. Néanmoins, il est arrivé que des juges aux affaires familiales la traitent de la même façon que la fréquentation de sites de rencontres. La moindre des choses serait d'effacer son historique…

Pour que la consommation de contenu pornographique soit reprochée à un individu, il faut qu'elle s'inscrive dans un certain contexte. En 2007, la cour d'appel de Paris a par exemple jugé à propos d'un couple en pleine séparation que « sur les torts du divorce, le partage a été admis par le juge aux affaires familiales qui a retenu à l'encontre du mari […] une fréquentation soutenue et injurieuse d'Internet sur des sites de rencontres ou pornographiques ; […] les torts du mari ont donc été retenus à bon droit par le juge aux affaires familiales[2] ».

1. Cour de cassation, première chambre civile, 30 avril 2014, n° 13-16649.

2. Cour d'appel de Paris, 19 décembre 2007, n° 07-03365.

4

Le divorce et la séparation

Beaucoup de divorces, mais autant de mariages

Oscar Wilde disait : « Le mariage est la principale cause de divorce. » En France, en 2019, on recensait 227 000 mariages. Qu'il s'agisse de la durée moyenne de vie commune ou du nombre de conjoints qu'une personne aura dans sa vie, les statistiques ont beaucoup évolué au cours des dernières décennies. Aujourd'hui, on estime qu'un mariage sur deux va se solder par un échec. Environ 75 % des divorces sont demandés par l'épouse. Ces dames seraient donc plus courageuses face aux décisions difficiles, et prêtes à en assumer ensuite les conséquences. Les raisons de ces évolutions sont multiples, mais l'indépendance financière des femmes est un facteur clé. Il y aurait par ailleurs plus ou moins de divorces selon les zones géographiques : d'après un rapport de l'Insee, les trois départements français qui enregistrent le plus de séparations sont l'Île-de-France (Paris), les Bouches-du-Rhône et le Nord.

Pour divorcer, faut-il un avocat… ou une avocate ?

Les femmes sont majoritaires dans la profession d'avocat ; ce déséquilibre est particulièrement frappant en droit de la famille – et donc en matière de divorce. Il en va de même parmi les juges aux affaires familiales. Bien sûr, il reste tout à fait possible d'être représenté par un homme. Pour ma part, il m'est impossible de dire si une option est meilleure que l'autre. D'expérience, pour la plupart des gens, ce critère n'a aucune espèce d'importance.

Divorce amiable : un avocat pour deux ?

Le divorce par consentement mutuel suppose que les futurs ex-conjoints trouvent un terrain d'entente sur plusieurs points, notamment sur le principe même du divorce et l'intégralité des conséquences qu'il implique : nom de famille conservé à titre d'usage, prestation compensatoire, résidence des enfants, pension alimentaire… À défaut d'accord, il convient de s'orienter vers un divorce contentieux et de laisser le juge aux affaires familiales trancher. Dans tous les cas, chacun des époux devra être représenté par un avocat. Depuis le 1er janvier 2017, il n'est plus possible de choisir le même, même en cas de divorce amiable.

Précisons que les sites internet de conseils juridiques qui proposent des réductions aux couples frôlent la faute déontologique, et qu'y avoir recours peut poser problème en termes de partialité. Mieux vaut se méfier de ces *packs low cost* qui, bien qu'avantageux à première vue, engendrent souvent des complications par la suite : divorce non valable car pas signé par le bon avocat, mais par son associé ou collaborateur, transcription non effectuée, omission de certains éléments... Pour avoir été témoin de ces conséquences négatives et de la difficulté à « rectifier le tir », je ne recommande pas cette option.

Comment trouver le meilleur avocat ?

« Il y a deux sortes de justice : vous avez l'avocat qui connaît bien la loi, et l'avocat qui connaît bien le juge ! » plaisantait Coluche. En ce qui me concerne, je considère qu'un bon avocat est quelqu'un en qui l'on a confiance, tant sur le plan professionnel que sur le plan humain. Il n'est donc pas le même pour tout le monde. On peut trouver un professionnel par différents moyens : le bouche-à-oreille – sûrement la meilleure option –, une plateforme internet de mise en relation, l'annuaire du barreau de la ville où l'on habite...

Rappelons qu'en principe, les honoraires réglés sont indépendants de la qualité du travail fourni car un avocat qui accepte de travailler au titre de l'aide juridictionnelle ne doit pas être considéré comme étant moins compétent qu'un confrère qui facture 500 euros de l'heure.

Pour payer moins cher, anticipez votre rendez-vous !

Les avocats sont libres de facturer le montant qu'ils souhaitent. Les honoraires prennent notamment en compte l'état de fortune du client, la complexité de l'affaire ainsi que la notoriété et l'ancienneté du professionnel. Il est possible de facturer au taux horaire, au forfait ou un mélange des deux. La seule contrainte est que l'on ne peut se baser exclusivement sur l'honoraire de résultat, autrement dit ne rien recevoir du client au début puis « prendre » sur ce que ce dernier perçoit au terme de l'affaire.

Dans l'hypothèse où le taux horaire s'applique, l'avocat facture la rédaction des documents juridiques, les audiences, mais aussi des actes moins visibles comme la préparation du dossier. Ainsi, plus celui-ci est en ordre au départ… moins le client paie. Organiser son dossier est à la portée de tout le monde : commencez par scanner tous les documents importants, et mettez-les au format PDF en les nommant soigneusement. Sachez que certaines pièces justificatives sont indispensables et vous seront inévitablement réclamées : actes de naissance des époux et des enfants datant de moins de 3 mois (il faut en faire la demande à la mairie du lieu de naissance, ou à Nantes si vous êtes né à l'étranger), acte de mariage, livret de famille, contrat de mariage s'il y en a, dernier avis d'imposition, dernières fiches de paie, factures relatives aux charges mensuelles… Enfin, si vous le jugez utile pour appuyer votre cas, joignez au dossier des attestations sur l'honneur rédigées par vos proches. Elles doivent être datées, signées et accompagnées d'une copie de la pièce d'identité de l'auteur[1].

Les avocats à l'aide juridictionnelle sont-ils compétents ?

J'entends souvent dire que divorcer coûte très cher. Certains couples qui ne s'entendent plus choisissent d'ailleurs de continuer à vivre ensemble pour ne pas avoir à tout financer « en double » : deux logements, deux voitures, deux abonnements à Internet… La journaliste Julie Graziani a même affirmé, avec cynisme, qu'« on n'a qu'à pas divorcer si on est au Smic[2] ».

1. Article 202 du Code de procédure civile.

2. « "Si on est au Smic, faut peut-être pas divorcer" : l'éditorialiste Julie Graziani provoque un tollé sur LCI », *Le Parisien*, 5 novembre 2019.

S'il n'est pas infondé de dire qu'un divorce engendre des coûts, précisons que les personnes sans emploi ou n'ayant que de faibles ressources peuvent bénéficier de l'aide juridictionnelle partielle ou totale. Un simulateur est disponible sur le site service-public.fr et permet de savoir si l'on est éligible. Ceux qui remplissent les conditions nécessaires doivent alors renseigner un formulaire en ligne, ou aller le retirer en version papier au bureau d'aide juridictionnelle d'un tribunal judiciaire. Une fois ce formulaire dûment rempli et déposé avec les différentes pièces justificatives demandées, une décision d'accord ou de refus d'aide juridictionnelle est communiquée. En cas de refus, on bénéficie d'un délai de 15 jours à compter de la notification pour faire appel[1].

En pratique, le coût du divorce dépend aussi du type de procédure : si celle-ci est amiable, le montant des honoraires sera naturellement plus faible que pour une séparation contentieuse. Le tribunal peut en outre ordonner à la partie perdante le remboursement des frais d'avocat de l'autre – même si le montant reversé couvre rarement l'intégralité de ces frais.

Enfin, certains coûts annexes non compris dans les honoraires de l'avocat sont à prévoir avant de se lancer : frais de commissaire de justice afin de faire signifier une décision ou une assignation, frais de notaire éventuels, frais de détective privé si besoin… Des dépenses liées à une postulation peuvent aussi survenir, puisque le divorce implique la représentation obligatoire par un avocat et que chaque avocat ne peut représenter son client que dans le ressort de sa juridiction : par exemple, si l'audience est à Lille et que

1. Décret n° 2020-1717 du 28 décembre 2020 portant application de la loi n° 91-647 du 10 juillet 1991 relative à l'aide juridique et relatif à l'aide juridictionnelle et à l'aide à l'intervention de l'avocat dans les procédures non juridictionnelles.

l'on veut être représenté par un avocat parisien, il faudra payer des frais de postulation auprès d'un avocat lillois. La postulation ne vaut pas pour les divorces amiables sans audience devant le juge.

Comment rompre un concubinage ou un Pacs ?

Pour être officiel, le concubinage doit être notoire : cela signifie qu'une relation stable et continue doit exister entre deux personnes qui vivent en couple[1]. Différentes preuves permettent d'en attester : un certificat de concubinage délivré par certaines mairies, des attestations de proches... Quant à la rupture, elle ne nécessite ni formalité ni recours à un avocat, ce qui offre une grande souplesse et une certaine liberté.

La rupture d'un Pacs est elle aussi simple et rapide mais nécessite quelques démarches. L'un des partenaires doit en faire la demande, avec ou sans l'accord de l'autre. L'intervention d'un avocat n'est pas obligatoire[2]. Pour obtenir la rupture, la première étape est de vérifier où le Pacs a été enregistré : il peut s'agir d'une ambassade, d'un consulat, d'une étude notariale, d'une mairie... Si le contrat date d'avant novembre 2017, il convient de s'adresser à l'officier d'état civil rattaché au lieu du greffe du tribunal où il a été enregistré[3]. Pour tout Pacs conclu dans une mairie, la

1. Article 515-8 du Code civil.

2. Article 515-7 du Code civil.

3. Circulaire du 10 mai 2017 de présentation des dispositions en matière de pacte civil de solidarité issues de la loi n° 2016-1547 du 18 novembre 2016 de modernisation de la justice du XXIe siècle et du décret du 6 mai 2017 relatif au transfert aux officiers de l'état civil de l'enregistrement des déclarations, des modifications et des dissolutions des pactes civils de solidarité.

demande de rupture est à adresser au même endroit par lettre recommandée avec accusé de réception. Un formulaire Cerfa est disponible sur le site service-public.fr. En cas de rupture unilatérale, il faudra en informer le partenaire par le biais d'un commissaire de justice et adresser ensuite la copie de la signification à la mairie.

Rupture de concubinage ou de Pacs : comment officialiser la résidence des enfants ?

Il n'existe pas de cadre juridique clair concernant le devenir des enfants lorsque les parents rompent leur Pacs ou leur concubinage. Il s'agit donc d'une zone grise du droit où, en cas de conflit, chacun des ex-partenaires peut tenter d'imposer sa volonté.

Certains couples parviennent à s'entendre sans jamais avoir recours à un juge aux affaires familiales, ce qui suppose de conserver une excellente harmonie relationnelle. Il est alors possible de rédiger un accord amiable qui aura la même force juridique qu'un jugement, autrement dit une convention parentale, qui devra être homologuée par le juge. Je trouve cette solution particulièrement pertinente en ce qu'elle offre une certaine sécurité dans l'hypothèse où l'un des parents changerait soudain d'avis. En cas de désaccord, le parent le plus diligent peut saisir le juge aux affaires familiales territorialement compétent, c'est-à-dire, en principe, celui du lieu où résident les enfants. Toutes ces démarches peuvent se faire sans avocat ; néanmoins, compte tenu de la technicité des procédures, il est recommandé de prendre conseil auprès d'un professionnel.

Rupture des fiançailles : puis-je conserver la bague ?

Les fiançailles correspondent à une promesse de mariage : leur rupture est donc libre, car on ne peut épouser personne par la contrainte. Néanmoins, si la rupture est abusive car trop tardive ou trop brutale et que le fiancé délaissé parvient à prouver qu'il a subi un préjudice, la responsabilité de l'autre peut être engagée[1].

Concernant la bague de fiançailles, si c'est un bijou de famille, il est d'usage de la restituer. Si c'est un cadeau, cela dépend de sa valeur : elle ne devra être rendue que si le prix semble déraisonnable par rapport aux ressources de l'offrant, par exemple si ce dernier est allé jusqu'à s'endetter pour financer le bijou.

Dans quelle situation choisir la séparation de corps ?

Comme évoqué précédemment, la séparation de corps est un régime qui permet à des époux de vivre séparément. Les autres devoirs et obligations inhérents au mariage continuent à s'appliquer, notamment le devoir de fidélité[2]. C'est une option intéressante pour les couples qui ne s'entendent plus, mais ne peuvent pas envisager le divorce pour diverses raisons : récemment, une personne que je représentais et son époux ont par exemple choisi d'opter pour une séparation de corps afin de rester en conformité avec leur religion. Cette procédure peut aussi intervenir sur la base de critères financiers et fiscaux : en effet, la séparation de corps entraîne une séparation de biens, et les

1. Article 1240 du Code civil.
2. Article 299 du Code civil.

deux époux remplissent alors séparément leur déclaration de revenus[1].

Une fois que l'on a choisi ce régime, les conséquences peuvent être réglées à l'amiable, sans passer devant un juge. Chaque époux choisit un avocat et les deux professionnels rédigent une convention qui sera ensuite enregistrée par un notaire. En cas de contentieux, le juge aux affaires familiales tranche sur le principe de la séparation et sur ses conséquences – nom de famille, garde des enfants... Précisons qu'il ne peut pas y avoir de prestation compensatoire en cas de séparation de corps puisque les personnes concernées sont toujours mariées. En revanche, une pension alimentaire peut être obtenue par l'un en cas de besoin. Si les ressources du débiteur le permettent, un versement en capital est envisageable[2].

Il est possible de convertir à tout moment une séparation de corps en divorce, si cela se fait d'un commun accord. En cas de contentieux, le divorce peut être demandé par l'un ou l'autre après deux années.

Peut-on garder le nom de son mari après le divorce ?

En principe, après un divorce, la personne qui avait pris le nom de l'autre à titre d'usage le perd. Cependant, avec l'accord de l'ex-conjoint ou dans certaines circonstances jugées pertinentes par le juge aux affaires familiales, il est possible de le conserver, pour une durée déterminée ou indéterminée[3].

La durée du mariage n'est pas un critère pour autoriser ou interdire la conservation du nom d'usage, comme l'a

1. Article 302 du Code civil.
2. Article 303 du Code civil.
3. Article 264 du Code civil.

constaté une femme en pleine séparation après trente-neuf années d'union et qui s'est vu refuser ce droit[1]. Précisons que si elle avait malgré tout utilisé le nom de son ex-mari sans y être autorisée, elle encourait des sanctions, éventuellement avec astreinte[2]. Des dommages-intérêts auraient même pu être réclamés par l'époux, à condition de démontrer une faute, un préjudice et un lien de causalité entre les deux[3].

L'adultère vaut-il toujours un divorce pour faute ?

Nous avons mentionné que dans le cadre du mariage, les époux se doivent fidélité, mais qu'en pratique, l'adultère n'est plus systématiquement considéré comme une faute sur le plan juridique. Il continue toutefois d'être pris en compte dans les procédures de divorce, mais si certains pensent que prouver l'adultère de son conjoint permet de l'emporter à coup sûr, en réalité, il n'en est rien. Pour que l'infidélité mène au versement d'éventuels dommages-intérêts, il faut que les faits se soient déroulés dans un certain contexte. Par exemple, il est arrivé qu'une femme soit condamnée pour relation adultère mais aussi attitude injurieuse – elle avait publiquement humilié son époux et tenté de le faire interner[4].

Par ailleurs, si le couple est libertin ou se dit « libre » et que l'infidélité est admise au départ, il sera difficile de l'opposer ensuite comme une faute. Il en va de même en

1. Cour d'appel d'Angers, 10 janvier 2011, n° 10-00647.

2. Cour de cassation, première chambre civile, 26 juin 2019, n° 18-19320, inédit.

3. Article 1240 du Code civil.

4. Cour de cassation, première chambre civile, 11 février 2009, n° 08-12032.

cas d'adultère réciproque : dans cette configuration, le juge aux affaires familiales peut prononcer un divorce aux torts partagés.

Absence de relations sexuelles : cela vaut-il un divorce pour faute ?

Un divorce peut être prononcé en cas d'absence totale de relations sexuelles entre les époux, par exemple si l'un d'eux refuse tout rapport charnel sans justifier d'une maladie invalidante ni d'aucune autre cause médicale. En 2019, un divorce aux torts exclusifs a été prononcé dans le cadre d'une affaire concernant une femme de 66 ans, qui refusait d'avoir « des relations intimes avec son mari ». Cette décision n'est toutefois pas définitive, car la femme a intenté un recours devant la Cour européenne des droits de l'homme[1].

Peut-on engager un détective privé pour espionner son conjoint ?

Généralement, et à condition qu'elles soient obtenues de manière loyale, on peut apporter toutes les preuves que l'on souhaite dans le cadre d'un divorce. À titre non exhaustif, il peut s'agir de SMS, tant qu'ils n'ont pas été obtenus par la fraude ou la violence[2], mais aussi de messages vocaux, de mails, d'attestations sur l'honneur de proches, de relevés bancaires, de billets d'avion, de factures… Le recours à un détective privé ne pose pas non

1. « "Devoir conjugal" : sanctionnée pour avoir refusé de coucher avec son mari, elle saisit la justice européenne », *Le Parisien*, 18 mars 2021.

2. Cour de cassation, première chambre civile, 17 juin 2009, n° 07-21796.

plus de difficulté. Le rapport remis par ce dernier à son client peut être examiné par le juge aux affaires familiales. Il contient habituellement des photos, qui doivent avoir été prises dans l'espace public. Si vous songez à engager quelqu'un pour épier votre conjoint, sachez que les honoraires d'un détective privé sont parfois élevés et calculés au nombre d'heures de travail effectif ou au forfait.

Peut-on mettre son conjoint sur écoute ?

Dans l'exercice de ma profession, je me suis entretenue à plusieurs reprises avec des personnes qui avaient l'impression d'être sur écoute et qui soupçonnaient leur conjoint. Elles se sentaient épiées en permanence et en devenaient paranoïaques.

Si elle n'est pas demandée par un juge dans le cadre d'une procédure, la mise sur écoute est interdite et constitue un délit. Malheureusement, avec l'évolution des nouvelles technologies, il est de plus en plus facile pour un particulier d'espionner un smartphone autre que le sien, grâce à des applications payantes et plus ou moins fiables. Contrairement à la pose d'un mouchard, les nouvelles techniques de mise sur écoute ne nécessitent pas forcément d'avoir accès au téléphone de la personne visée.

Force est de reconnaître que parmi les personnes que j'ai rencontrées et qui se sentaient écoutées à leur insu, certaines l'étaient réellement. En revanche, l'instrument utilisé n'était pas toujours leur téléphone. Par exemple, je me souviens d'une dame qui, à chaque fois qu'elle réservait une table dans un restaurant, était effarée d'y trouver son mari (dont elle a divorcé depuis). Celui-ci avait réussi à placer dans son bureau un objet connecté équipé d'un micro et entendait tout ce qu'elle disait...

Il s'agit bien entendu d'une atteinte à la vie privée, passible d'une peine pouvant aller jusqu'à un an d'emprisonnement et 45 000 euros d'amende. Lorsque les faits se déroulent entre conjoints, concubins ou partenaires de Pacs, il s'agit d'une circonstance aggravante et la peine encourue peut aller jusqu'à 2 ans d'emprisonnement et 60 000 euros d'amende[1].

J'ai géolocalisé mon conjoint : est-ce que je risque quelque chose ?

En 2016, près de 70 % des 25-39 ans utilisaient la fonction de géolocalisation de leur smartphone. Compte tenu du perfectionnement constant des nouvelles technologies, ce chiffre ne cesse d'augmenter. Au même titre que la mise sur écoute, la géolocalisation d'une personne sans son consentement constitue une atteinte à la vie privée. En théorie, la sanction peut aller jusqu'à 2 ans d'emprisonnement et 60 000 euros d'amende[2]. Malheureusement, les victimes mettent parfois très longtemps à découvrir que leurs déplacements sont espionnés.

Quand le divorce va trop loin : quels sont les pires coups bas ?

Certains couples en pleine séparation sont tellement animés par la haine et l'envie de revanche qu'ils vont parfois très loin pour se rendre la vie impossible. Le but de « gagner » leur divorce tourne à l'obsession, et ils n'arrivent

1. Article 226-1 du Code pénal.
2. *Ibid.*

plus à prendre de recul. On assiste alors à des coups bas qui peuvent être redoutables pour la partie qui en est victime.

Un dossier qui m'a particulièrement marquée concernait un homme qui subtilisait le téléphone portable de sa conjointe pour s'envoyer à lui-même des SMS d'insultes ou d'aveux de fautes. Il supprimait ensuite les messages de la boîte d'envoi, et les faisait constater par un commissaire de justice sur son propre appareil. La conjointe était bien en peine de prouver qu'elle n'avait rien écrit de tel, puisque les SMS provenaient de son téléphone. En fin de compte, le coupable a fini par avouer son stratagème, mais cela a pris du temps.

Bien entendu, tous les divorces ne se passent pas aussi mal, mais la rancœur peut faire des dégâts. Pour ma part, j'estime qu'à défaut de réussir son mariage, autant faire de son mieux pour « réussir » son divorce en se séparant sans s'écharper…

Devoir de secours, prestation compensatoire : comment toucher le pactole ?

Au moment de la séparation, il est normal de s'inquiéter de sa situation financière à venir, surtout si l'on ne travaille pas. En tant qu'avocate, je constate que les individus qui ressentent ce type d'angoisse ont souvent du mal à verbaliser leur espoir d'obtenir « le maximum d'argent ». Pourtant, la question financière n'a rien de honteux !

Le devoir de secours est une somme que l'un des conjoints doit verser à l'autre pendant la procédure de divorce contentieuse, si le juge aux affaires familiales l'ordonne. Pour qu'il soit accordé, il faut que le débiteur soit dans une situation de besoin. L'octroi d'un devoir de secours mène souvent à celui d'une prestation compensatoire, mais ce n'est pas automatique.

La prestation compensatoire, quant à elle, est accordée à l'issue du divorce. Elle prend en compte plusieurs critères, notamment la durée du mariage, l'âge et l'état de santé des époux, leurs ressources et patrimoines respectifs ainsi que leurs droits à la retraite[1]. Plus la disparité de revenus est grande, plus la prestation a des chances d'être importante. Une femme au foyer obtiendra donc beaucoup plus que celle qui a toujours travaillé, car la seconde est considérée comme n'ayant pas fait de sacrifice vis-à-vis de sa carrière.

La prestation compensatoire dispense-t-elle de travailler ?

La prestation compensatoire est temporaire. Versée soit en capital, autrement dit en une seule fois, soit en plusieurs fois sur une durée maximale de 8 ans (sauf exceptions)[2], elle aide celui qui la touche à subsister en attendant de trouver une solution financière à long terme. En revanche, elle n'a pas vocation à se substituer à un revenu fixe et n'est pas calculée en ce sens. Elle ne permet donc pas de ne plus travailler du tout, à moins de représenter un montant très important. Il arrive en outre qu'elle prenne la forme d'une attribution de bien de la part de l'ex-conjoint : si ce bien a été obtenu par donation ou succession, il faut l'accord du bénéficiaire pour qu'il soit attribué au titre de la prestation compensatoire.

1. Article 271 du Code civil.
2. Article 275 du Code civil.

Comment devenir un (ou une) rentier(ère) accompli(e) et indépendant(e) ?

Une des façons de conserver son train de vie après un divorce est d'obtenir un versement mensuel de la part de son ex-conjoint… à vie. Si la somme est suffisamment importante, cela peut dispenser de travailler. On parle alors de rente viagère. Ce type de rente, de plus en plus rarement attribué, est en effet valable jusqu'au décès du receveur. En contrepartie, les conditions d'obtention sont strictes et dépendent notamment de l'âge ou de l'état de santé des personnes concernées[1]. Dans le cadre d'une procédure amiable, le montant peut être fixé librement par le couple. En cas de divorce contentieux, elle est difficile à obtenir, mais ce n'est pas impossible.

Remise du « guet » : qui sont les femmes concernées ?

Dans la religion juive, lors d'une séparation, l'équivalent d'un acte de divorce nommé « guet » est remis à l'homme par le Beth Din, ou tribunal rabbinique. Celui-ci est ensuite libre de le transmettre ou non à l'épouse. Ce document fait parfois l'objet d'un véritable chantage : par exemple, certains n'acceptent de le remettre à leur femme que si celle-ci renonce à la prestation compensatoire. Beaucoup d'encre a coulé sur le sujet, mais la position des rabbins n'est pas toujours uniforme. Précisons que ce problème concerne les juifs pratiquants, et beaucoup moins les juifs libéraux.

Sur le plan légal, la remise du guet peut être ordonnée dans le cadre d'une décision de justice, et des jours-amende

1. Article 276 du Code civil.

peuvent s'appliquer en cas de non-respect. S'agissant des divorces amiables, il est possible d'intégrer directement à la convention une demande de remise du guet, et d'exiger que celle-ci ait lieu avant la signature.

Dans la religion catholique, le divorce n'est officiellement pas toléré. Il n'est donc pas possible, en principe, de se marier plusieurs fois, sauf en cas de décès de l'un des membres du couple. Dans les faits, il existe une procédure de déclaration de nullité du mariage religieux, mais elle est longue et incertaine. Il est possible d'en faire la demande à l'officialité du diocèse du lieu de domicile.

Quant à la religion musulmane, elle reconnaît le divorce, mais la procédure est surtout conçue pour favoriser le mari, qui a la possibilité de répudier sa femme[1]. Il est plus difficile pour cette dernière d'obtenir une séparation car elle doit fournir des « motifs légitimes ». Il n'existe en revanche pas d'équivalent du « guet ».

Qui conserve le logement en cas de divorce ?

L'attribution du domicile conjugal après une séparation intervient soit de façon amiable, soit sur décision du juge aux affaires familiales. Ce dernier peut autoriser l'un des conjoints à conserver le domicile tout en forçant l'autre à s'acquitter de sa part du loyer, même s'il vit ailleurs. Avant tout jugement, le revenu des époux est examiné ainsi que la présence d'éventuels enfants.

Si les conjoints étaient copropriétaires, conserver le bien à deux est envisageable par le biais d'une indivision.

---

1. Abla Koumdadji, « Répudiations, droit coranique, droits marocain et algérien, droit français du divorce et du "pacs" », *L'Année canonique*, n° 1, vol. LIII, 2011, p. 357-371.

En pratique, cela suppose une bonne entente et un maintien du dialogue malgré le divorce. L'indivision peut être abandonnée dès que l'un des ex-époux constate qu'elle ne fonctionne plus.

Vendre avant le divorce, un moyen d'éviter de payer le droit de partage ?

Le droit de partage est un impôt prélevé au moment de la répartition de biens communs, notamment entre des ex-conjoints. En cas de divorce amiable, il est tentant de vendre son bien immobilier en amont de la séparation afin de ne pas avoir à s'en acquitter. On parle alors de partage verbal. Pour que cela fonctionne, il ne doit pas être fait mention de la vente dans la convention de divorce amiable.

Cette méthode présente tout de même un risque important : celui du redressement fiscal. Par ailleurs, vendre en hâte un bien immobilier avant un divorce a de moins en moins d'intérêt puisque, depuis le 1er janvier 2022, le droit de partage a été réduit à 1,1 %, contre 2,5 % en 2020 et 1,8 % en 2021.

Le risque de cette méthode va même au-delà du redressement fiscal : si le produit de la vente du bien commun ne figure pas à l'actif de la communauté alors qu'il est encore sur le compte des époux, il s'agit d'une fraude fiscale[1].

La solution pour ne pas payer de droit de partage sur un bien commun est de prévoir une convention d'indivision sur le bien malgré le divorce.

1. Réponse ministérielle n° 10159 : *JOAN*, 1er septembre 2020, p. 5757, Vincent Descœur.

Qui garde l'animal de compagnie ?

Si l'un des ex-conjoints avait déjà adopté l'animal avant le mariage, ou si celui-ci lui a été spécifiquement offert pendant la durée de l'union, il en conservera naturellement la garde après le divorce. En revanche, si l'animal appartient aux deux membres du couple, ceux-ci doivent trouver un terrain d'entente, sans quoi la question sera soumise au juge aux affaires familiales pendant la procédure de divorce.

Comme pour les enfants, il est possible d'envisager une garde alternée pour un chien, un chat, un hamster, etc. Cette idée peut paraître saugrenue, mais il s'agit d'une pratique de plus en plus répandue, à mesure que les animaux de compagnie sont considérés comme des membres à part entière de la famille qui les accueille.

À l'amiable, les ex-conjoints, concubins ou partenaires de Pacs sont libres d'organiser le mode de garde comme ils le souhaitent. En cas de divorce, certains juges aux affaires familiales acceptent de trancher, mais la pratique n'est pas encore uniforme sur le sujet. Aussi, en 2017, la Cour de cassation a considéré un chat comme étant un « bien indivis » et a ordonné aux ex-conjoints le partage des coûts[1].

1. Cour de cassation, première chambre civile, 13 décembre 2017, n° 16-27830.

5

Le harcèlement et les violences conjugales

Harcèlement au sein du couple : la sanction pénale est-elle dissuasive ?

Si l'on parle beaucoup de harcèlement de rue, il est important de rappeler que des comportements inappropriés existent également au sein du couple et se prolongent parfois même après la rupture. Ces persécutions d'ordre moral, psychologique ou sexuel peuvent avoir lieu dans la vie quotidienne comme en ligne.

La première étape est d'identifier que l'on a bien affaire à du harcèlement, ce qui n'est pas toujours facile : pour des raisons affectives, les victimes trouvent souvent des circonstances atténuantes à l'auteur des faits. Afin de démêler le vrai du faux, il convient d'être purement factuel, d'analyser le comportement qui semble déplacé et de questionner son éventuelle répétition dans le temps. Les situations de « prise de contrôle », dans lesquelles l'un des membres du couple ne laisse plus d'espace de liberté à l'autre, sont fréquentes : vérification systématique des SMS, des fréquentations, de l'emploi du temps, des dépenses… On observe parfois que l'un des partenaires rabaisse systématiquement l'autre de façon plus ou moins sournoise, avec des propos du type : « Tu ne vas quand même pas sortir habillé ainsi ? » ou « Tu es complètement folle, tu ne comprends rien ! » La violence de ces remarques va souvent *crescendo* : moins la victime se défend, plus la personne qui harcèle teste ses limites. Cette dernière possède souvent plusieurs visages et tient un double discours, se montrant très agréable devant des tiers mais toxique en privé. Des périodes d'accalmie, en général trompeuses, poussent la victime à se remettre en cause au lieu de blâmer l'autre et l'empêchent de prendre sereinement la décision de rompre.

Si, après mûre réflexion, vous pensez être victime de harcèlement, il faut rassembler des éléments de preuve afin de fonder votre accusation et d'agir sur le plan juridique. Cela peut sembler difficile car certaines violences sont verbales et n'interviennent qu'en l'absence de témoins. Gardez cependant à l'esprit que tous les types de preuve sont recevables : attestations de proches, certificats médicaux, messages vocaux, mails, SMS…

Si le harcèlement moral est démontré, la peine peut en théorie aller jusqu'à 3 ans d'emprisonnement et 45 000 euros d'amende en cas de préjudice subi équivalent à 8 jours ou moins d'incapacité totale de travail ; au-delà, le harceleur risquera 5 ans d'emprisonnement et 75 000 euros d'amende[1]. En pratique, les peines sont bien entendu individualisées et dépendent des circonstances, mais force est de constater qu'elles semblent parfois bien légères au regard du tort infligé à la victime. Je me souviens par exemple d'un homme condamné en 2020 pour des faits de violences conjugales : en 2018, il avait déjà été convoqué devant le tribunal correctionnel pour menaces de mort réitérées, harcèlement moral et atteinte à la vie privée. Il avait alors été condamné à 8 mois d'emprisonnement et 1 000 euros

1. Article 222-33-2-1 du Code pénal.

de dommages-intérêts. Sorti au bout de 6 mois, il a recommencé à s'en prendre à la femme que je représentais, malgré une interdiction d'entrer en contact avec elle et de fréquenter certains lieux déterminés. On comprend alors que beaucoup de victimes redoutent « l'après-prison ».

Qu'est-ce que le gaslighting*, et comment s'en défendre ?*

Le *gaslighting* désigne un comportement familier à certains d'entre nous, mais qui n'a pas été assez analysé ni même nommé jusqu'à présent. Il n'existe pas de traduction littérale de ce terme en français. Concrètement, il s'agit d'une forme de manipulation mentale qui consiste, par des propos insidieux et en apparence non violents, à pousser son interlocuteur à se remettre en question sans cesse, et à faire en sorte qu'il pense être à l'origine de tous les dysfonctionnements de la relation. Le doute s'installe progressivement dans l'esprit de la victime, qui se persuade d'avoir provoqué des différends et finit parfois par se croire folle. Cette stratégie d'influence est malheureusement difficile à prouver et reste invisible pour les proches. Pour autant, il n'est pas impossible d'obtenir justice : par exemple, dans une procédure de divorce, le *gaslighting* ne sera pas reconnu comme tel, mais on pourra requalifier les faits en parlant de dénigrement et d'humiliation, lesquels engendrent un préjudice moral pour la victime et sont susceptibles d'appeler réparation.

Tous des pervers narcissiques ?

Le personnage du « pervers narcissique » a fait il y a quelques années une entrée remarquée dans notre imaginaire collectif (grâce à la presse, aux livres, etc.), si bien qu'on connaît tous quelqu'un, au travail ou dans la sphère privée, qui passe pour en être un. C'est également le cas en matière de divorce : en tant qu'avocate, j'entends souvent des clients se désigner l'un l'autre par cette expression.

Il faut toutefois garder à l'esprit qu'un article ou un témoignage parcouru en diagonale sur Internet ne remplace pas l'avis médical d'un psychiatre. En cas de doute, il est donc recommandé de demander qu'une expertise médicale soit réalisée et jointe au dossier. Dans l'attente du verdict, le plus sage est de rester modéré dans ses propos : le terme est tellement employé à toutes les sauces que l'on pourrait finir par croire que les pervers narcissiques sont partout. Évidemment, il n'en est rien.

Voici néanmoins quelques éléments permettant d'identifier les personnes toxiques : dotées d'un grand potentiel de séduction, elles sont très à l'aise en public et, au début de la relation, se montrent sous un jour irréprochable. Ce n'est qu'au fil du temps, et uniquement dans l'intimité, qu'elles abandonnent ce masque, se permettant de plus en plus de critiques sous couvert d'humour et laissant planer le doute sur leurs intentions. Un pervers narcissique a en outre tendance à tout faire pour se rendre indispensable, y compris à isoler sa victime en l'incitant à couper peu à peu les ponts avec sa famille, ses amis ou ses collègues. Les mensonges, l'intimidation et le dénigrement sont très fréquents, entrecoupés des périodes d'accalmie mentionnées précédemment et que l'on pourrait appeler des « lunes de miel ». La victime a alors le sentiment de retrouver la personne telle qu'elle était au début de la relation et doute de son propre jugement[1].

1. Johanna Rozenblum, *Pervers narcissique. Comprendre l'emprise pour s'en libérer*, Alpen, 2022.

Balancer sur les réseaux sociaux pour se faire entendre

Dénoncer nommément quelqu'un qui nous a infligé un préjudice sur les réseaux sociaux est souvent un ultime recours, employé lorsqu'on a le sentiment que justice n'a pas été – ou ne sera jamais – rendue. Pourtant, cela peut être considéré selon les cas comme de la diffamation, ou comme une atteinte à la présomption d'innocence, sans compter que faire enfler la polémique par *stories* interposées peut entraver le cours de la justice.

Face à l'inertie des pouvoirs publics et aux longs délais des procédures judiciaires, certaines femmes victimes de harcèlement ou de brimades ne voient pas d'autre solution que de lancer ces appels à l'aide. Si elles peuvent en retirer un élan de solidarité, cela ne peut en aucun cas se substituer à un procès équitable.

Comment prouver les violences conjugales ?

Les violences conjugales sont difficiles à déceler, surtout lorsqu'elles sont d'ordre psychologique, car la plupart des victimes ont beaucoup de mal à en parler. En matière pénale, comme dans le cas du harcèlement, tous les moyens de preuve sont admis : mains courantes, plaintes, certificats médicaux, attestations de témoins, enregistrements… Les SMS et les mails peuvent aussi être produits. Il est possible de les faire authentifier par un commissaire de justice pour leur donner plus de poids dans le dossier, de même que les messages vocaux laissés sur une application de messagerie instantanée comme WhatsApp et qui nécessitent une transcription.

Devant le juge aux affaires familiales, si l'on cherche par exemple à obtenir une ordonnance de protection, les enregistrements clandestins ne sont pas admis car ils portent atteinte à la vie privée de la personne enregistrée. Cependant, un arrêt de la cour d'appel de Paris de mars 2021 a ouvert une brèche en admettant un enregistrement au regard du droit à la preuve – sous certaines conditions. On en conclurait presque qu'il est désormais possible de produire ce type d'éléments et que, dans le pire des cas, ils seront déclarés irrecevables[1].

Gifler sa femme mène-t-il vraiment en prison ?

Les violences conjugales ne sont une affaire ni de milieu social, ni de classe d'âge : il n'existe pas de profil type des victimes. Vous pourriez être surpris en apprenant qu'une personne de votre entourage a longtemps souffert en secret. Je le suis également lorsque je reçois dans mon cabinet des femmes au corps marqué par les coups, mais dont l'attitude ne laisse rien transparaître. Beaucoup dissimulent les violences reçues, pour diverses raisons, notamment la crainte de voir l'affaire prendre des proportions considérables ou encore un sentiment, certes infondé, de culpabilité. Bien entendu, les femmes ne sont pas les seules concernées : environ 10 % des victimes sont des hommes – ce n'est donc pas rare, mais moins fréquent, et beaucoup moins médiatisé. Pour les individus de sexe masculin victimes de violences s'ajoutent alors à la détresse un sentiment de honte et une crainte de ne pas être pris au sérieux[2].

Concernant les violences en elles-mêmes, lorsqu'elles sont d'ordre physique, elles peuvent se traduire par des empoignements, des coups ou encore des gifles. Les excuses

1. Cour d'appel de Paris, 23 mars 2021.
2. Maxime Gaget, *Ma compagne, mon bourreau*, Paris, Michalon, 2015.

révoltantes que l'on entend le plus souvent sont : « Elle marque facilement », « Elle est tombée », « Je me suis simplement défendu »... Lorsqu'Adrien Quatennens, député du groupe La France insoumise, a admis dans un communiqué de presse avoir « giflé [son] épouse[1] », certaines voix dans le débat public ont cherché à minimiser la gravité de son acte et remis en cause l'idée qu'une gifle était une forme de violence conjugale. Or, oui, frapper son conjoint, concubin ou partenaire de Pacs est puni par la loi. Cela explique que le député Adrien Quatennens ait récemment été condamné à 4 mois de prison avec sursis ainsi qu'à 2 000 euros de dommages-intérêts à verser à son épouse[2], pour « violences sans incapacité commises par conjoint » entre octobre et décembre 2021 et pour « envoi régulier et malveillant de messages » entre août et septembre 2022.

En pratique, lorsqu'on subit ce genre de brutalité, il convient de porter plainte. Rappelons que la personne qui vous entend n'a pas le droit de refuser votre plainte, pas plus qu'elle ne peut vous inciter à déposer plutôt une main courante – même si beaucoup de femmes victimes de violences conjugales m'ont confié qu'on avait cherché à les dissuader de s'exprimer et qu'elles avaient dû s'y prendre à plusieurs fois. Les peines appliquées dépendent notamment du passé judiciaire de l'auteur des faits, du préjudice subi par la victime, mesuré en nombre de jours d'incapacité totale de travail, et des circonstances.

---

1. « Adrien Quatennens se "met en retrait" de ses fonctions à la France insoumise », rmc.bfmtv.com, 18 septembre 2022.

2. « Violences conjugales : le député Quatennens condamné à de la prison avec sursis et radié pendant 4 mois du groupe LFI », *Le Parisien*, 13 décembre 2022.

Obtenir une ordonnance de protection

Si vous êtes victime de violences conjugales, que ce soit de la part de votre conjoint, partenaire de Pacs ou concubin – actuel ou ex –, vous pouvez solliciter une ordonnance de protection en urgence devant le juge aux affaires familiales[1]. Pour cela, il faut démontrer que la situation est urgente et que vous courez un grave danger. Il n'est pas nécessaire que l'auteur des faits ait déjà été condamné, ni d'avoir déjà déposé plainte[2] ; par ailleurs, l'ordonnance de protection peut être réclamée quelle que soit la nature des violences subies. Une fois accordée, elle est valable pour une durée de 6 mois renouvelable (sous conditions) à compter du moment où l'autre partie est informée de la décision.

Devant le juge, vous pouvez aussi solliciter des mesures complémentaires à l'ordonnance de protection : par exemple, une autorisation de résidence séparée, l'interdiction pour l'auteur des faits d'entrer en contact avec vous, la fixation d'une pension alimentaire si vous avez des enfants, la contribution aux charges du mariage[3]...

Violences conjugales : comment obtenir de l'aide ?

Outre l'ordonnance de protection, il existe heureusement des recours pénaux pour les victimes. Votre plainte peut être déposée au commissariat ou en gendarmerie, mais aussi adressée au procureur de la République du tribunal judiciaire de votre lieu de domicile ou du lieu où

---

1. Article 515-9 du Code civil.
2. Article 515-10 du Code civil.
3. Article 515-11 du Code civil.

se sont déroulés les faits. Si vous choisissez cette option, il est recommandé de vous faire assister par un avocat. Il existe également des associations à même de vous aider dans vos démarches.

Dans un dossier que j'ai traité en 2022, la femme que je représentais avait subi des violences de la part de son ex-compagnon et celui-ci a été condamné à 8 mois d'emprisonnement. Il avait déjà été sanctionné par le passé pour l'avoir brutalisée, mais également pour avoir porté atteinte à sa vie privée. Après sa sortie de prison, il a recommencé à entrer en contact avec elle, à la harceler, et une nouvelle procédure est en cours.

En août 2021, un homme a été condamné par le tribunal correctionnel de Laval à 10 mois de prison, auxquels se sont ajoutés 6 mois de révocation de sursis, pour des faits de violences conjugales envers son ex-compagne en présence des enfants. Il avait menacé de tous les tuer en les égorgeant. Au moment du procès, cet homme de 42 ans comptait déjà plus de dix mentions dans son casier judiciaire, dont deux pour violences conjugales et une pour agression sexuelle sur sa belle-fille[1].

Même lorsque l'auteur des faits est condamné, certaines victimes continuent de vivre avec une sorte d'épée de Damoclès au-dessus d'elles. Beaucoup sont de nouveau confrontées à de la violence et à du harcèlement lorsque leur agresseur sort de prison. En 2022, l'actrice Judith Chemla, victime de violences conjugales, témoignait : « J'ai tant de preuves qu'il continue d'essayer de me nuire. Retourner au commissariat une troisième fois ? Déposer une troisième plainte en un an ? Être dans le milieu du cinéma, et avoir l'épée de Damoclès

1. « "Je vais te tuer, t'égorger" : un homme condamné à 16 mois de prison pour violences conjugales en Mayenne », France Bleu Mayenne, 25 août 2021.

de 8 mois de prison avec sursis… Ça ne suffit pas ? Je suis à bout. Que faut-il pour qu'il me laisse tranquille ? Aller vraiment en prison ? Il jouera encore à la victime auprès de ma fille et elle souffrira de ne pas voir son père[1]. »

« Téléphone grave danger » et bracelet antirapprochement

Il existe aujourd'hui des dispositifs conçus pour assurer la sécurité des victimes de violences conjugales. Les plus utilisés sont le bracelet antirapprochement et le « téléphone grave danger ».

Le bracelet fonctionne grâce à la géolocalisation et a pour but de tenir l'agresseur éloigné de sa cible. Il l'empêche également de se rendre dans certains lieux, en général ceux que cette dernière fréquente au quotidien. Aussitôt que le porteur du bracelet brave cette interdiction, des téléopérateurs sont alertés et le contactent pour lui intimer de partir. En cas de refus, les forces de l'ordre peuvent être averties. Le bracelet est posé pour une durée de 6 mois renouvelable[2] : l'individu concerné doit donner son accord, mais s'il ne le donne pas, cela constitue une violation de ses obligations, pouvant donner lieu à la « révocation de son contrôle judiciaire et à son placement en détention provisoire[3] ». Ce dispositif est en théorie intéressant, mais il est actuellement très peu utilisé – en mai 2021, seules 61 personnes en France étaient équipées d'un bracelet antirapprochement[4] – et certains problèmes de perte de réseau

1. « L'actrice Judith Chemla victime de violences conjugales : ce que l'on sait de l'affaire », tf1info.fr, 5 juillet 2022.

2. Article R. 24-19 du Code de procédure pénale.

3. Article R. 24-20 du Code de procédure pénale.

4. « Féminicides : 61 personnes équipées de bracelet antirapprochement », francetvinfo.fr, 7 mai 2021.

ont été constatés[1]. Il est néanmoins utile de connaître son existence et de ne pas hésiter à réclamer sa pose si les circonstances l'exigent.

Un second outil de lutte contre les violences conjugales est le « téléphone grave danger », ou TGD. Il permet à la victime de faire rapidement appel à un service de téléassistance en cas de crise, qui la géolocalisera avec son accord et alertera les forces de l'ordre[2]. Le TGD peut être obtenu pour une durée de 6 mois renouvelable ; la victime qui en fait la demande ne doit plus vivre sous le même toit que l'auteur des violences, qu'une interdiction d'entrer en contact ait déjà été prononcée ou non et si les conditions sont remplies.

Ne retirez pas votre plainte sous la pression !

Comme je l'ai mentionné plus haut, beaucoup de femmes victimes de violences conjugales ressentent une pression, directe ou indirecte, à retirer leur plainte. Sans être ouvertement menacées, elles craignent que leurs enfants souffrent de l'absence de leur père si ce dernier était condamné à une peine de prison, et se sentent coupables. D'autres sont sous une forme d'emprise psychologique. Il arrive même que des victimes viennent défendre leur bourreau à la barre et expliquent au tribunal qu'elles « marquent facilement » et « n'auraient pas dû porter plainte ». En mai 2022, le tribunal correctionnel d'Angers a condamné un homme à 12 mois d'emprisonnement dont 6 avec sursis probatoire pendant 2 ans alors que sa compagne avait tenté de l'innocenter

1. « Violences conjugales : les dysfonctionnements des bracelets anti-rapprochement », *Le Journal du dimanche*, 15 mai 2022.

2. Article 41-3-1 du Code de procédure pénale.

en affirmant : « Je suis désolée pour ce que j'ai dit. J'étais sous l'influence de la jalousie[1]. »

Si vous estimez être victime de violences, quoi que l'on vous dise pour vous intimider ou vous faire culpabiliser, ne retirez pas votre plainte ! Au contraire, les pressions subies peuvent elles-mêmes faire l'objet d'une enquête et il est conseillé de fournir des documents médicaux pour démontrer qu'elles ont eu sur vous des conséquences néfastes. Un suivi psychologique peut également vous être d'un grand secours, en plus du suivi de la procédure juridique par un professionnel. Une des femmes que j'ai représentées avait par exemple déposé et retiré quatre fois sa plainte avant de venir me voir et d'engager enfin une procédure ; elle avait réussi à le faire entre autres grâce au soutien d'un psychologue.

Faut-il être morte pour que les choses bougent ?

Beaucoup de femmes se désolent de la lenteur des procédures judiciaires et des problèmes qui viennent ajouter à cette inertie : plainte non reçue ou classée sans suite, ordonnance de protection valable pour une durée de 6 mois (renouvelable sous conditions), peines parfois peu dissuasives… Quand on voit toutes les démarches que certaines femmes tuées sous les coups de leur conjoint avaient entreprises, et tous les signaux d'alerte qu'elles avaient émis, on ne peut que regretter que le pire se soit produit alors qu'il aurait pu être évité.

Dans des situations extrêmes, il est arrivé que des victimes de violences conjugales, recevant des coups depuis

1. « Angers. Violences conjugales : elle veut retirer sa plainte, son mari est condamné », *Ouest-France*, 2 mai 2022.

des années, voire des décennies, tuent leur conjoint. La question se pose alors de savoir s'il s'agit ou non de légitime défense. Sur ce point, plusieurs exemples récents très médiatisés donnent à réfléchir, car leurs issues judiciaires ont été différentes. En 2009, Alexandra Lange a tué son mari d'un coup de couteau après avoir subi 12 ans de violences, brimades et humiliations, souvent devant ses quatre enfants, eux aussi victimes. Elle lui a porté le coup fatal alors qu'il se jetait sur elle un soir, dans la cuisine, pour l'étrangler. Elle a été acquittée par la cour d'assises de Douai, car la légitime défense a été retenue. Dans un livre, elle explique le parcours de son couple, la rencontre, l'emprise, l'espoir de jours meilleurs lorsqu'une période d'accalmie survenait[1] : ce récit a été adapté en un film particulièrement poignant[2].

Dans une autre affaire célèbre, celle de Jacqueline Sauvage, l'issue judiciaire a été plus controversée. En 2012, cette habitante du Loiret a tué son mari de trois coups de fusil dans le dos. Si elle a finalement été graciée par le président de la République de l'époque, François Hollande, plusieurs cours d'assises l'ont successivement reconnue coupable. Dans ce dossier, la légitime défense « différée » avait été plaidée, mais non retenue. Jacqueline Sauvage a ensuite rédigé un livre retraçant son histoire[3], lui aussi adapté en film[4]. Elle est décédée en 2020 à l'âge de 72 ans.

Plus récemment, l'affaire Valérie Bacot a porté sur des violences conjugales avec un contexte d'inceste, de maltraitances, d'emprise et de proxénétisme de la part du conjoint violent. En 2016, le jour où Valérie Bacot a tué

1. Alexandra Lange, *Acquittée. Je l'ai tué pour ne pas mourir*, Paris, Michel Lafon, 2012.

2. Claude-Michel Rome (réalisateur), *L'Emprise*, 13 janvier 2015.

3. Jacqueline Sauvage, *Je voulais juste que ça s'arrête*, Paris, Fayard, 2017.

4. Yves Rénier (réalisateur), *Jacqueline Sauvage. C'était lui ou moi*, 2018.

son mari, elle venait de subir un viol lors d'une passe, car son mari la forçait à se prostituer. Elle a ensuite tenté de faire ingérer à celui-ci un somnifère contre son gré, avant de finalement lui tirer une balle de revolver dans la nuque. Le mari, Daniel Polette, était également son ex-beau-père, puisqu'il était à l'origine en couple avec sa mère lorsqu'elle était tombée enceinte de lui après un viol incestueux. Valérie Bacot a elle aussi raconté sa trajectoire de vie et sa relation avec son mari dans un livre[1]. Elle a écopé de 4 ans de prison, dont 3 avec sursis.

Peut-on gagner son procès avec un avocat commis d'office ?

Heureusement, oui ! Les avocats commis d'office font l'objet de nombreux stéréotypes, mais ils ne sont pas moins compétents que leurs confrères désignés directement par le client ou par la famille. Ils ont simplement accepté de figurer sur les listes de désignation qui, dans certaines villes comme Paris, sont d'ailleurs sélectives. Une autre idée reçue veut que le recours à un avocat commis d'office soit totalement gratuit : c'est faux, à moins que vous ne bénéficiiez de l'aide juridictionnelle totale, ce qui dépend notamment de votre revenu et de votre patrimoine.

Pour en revenir aux violences conjugales, une femme qui dépend financièrement de son mari et souhaite engager une procédure judiciaire contre lui ne dispose pas forcément des ressources nécessaires pour payer un avocat. Elle pourra alors se tourner vers un professionnel qui accepte de travailler au titre de l'aide juridictionnelle. Il existe également d'autres systèmes d'aide, par exemple par l'association Femmes huissiers de justice de France.

1. Valérie Bacot, *Tout le monde savait*, Paris, Fayard, 2021.

QUATRIÈME PARTIE

Le travail

Dans un monde du travail en mutation constante, l'arme juridique est plus que jamais l'alliée de tous ceux qui souhaitent garder la maîtrise de leur parcours. Certains s'en servent comme d'une stratégie efficace pour faire évoluer plus rapidement leur carrière. D'autres y trouvent un outil pour parer aux imprévus, ou anticiper leur retraite. À tout âge et dans tous les secteurs d'activité, il est indispensable d'avoir en tête quelques connaissances de base en droit du travail afin d'évoluer sereinement dans la sphère professionnelle.

Quels sont les droits d'un salarié ? Et quelles sont les obligations d'un employeur ? Comment réagir en cas de discrimination à l'embauche ou de licenciement abusif ? Autant de questions légitimes, traitées dans cette partie dédiée à la vie active.

1

Décrocher un entretien puis un emploi

Peut-on mentir sur son CV ?

D'après une étude menée en 2022, deux tiers des candidats affirment avoir modifié une information sur leur CV de façon volontaire et 88 % d'entre eux considèrent qu'il est « normal d'arranger son CV »[1]. Cette tendance se renforce avec le temps compte tenu de la démocratisation des outils numériques et des exigences accrues de certaines entreprises envers les candidats.

Mentir sur son parcours académique et professionnel est donc une pratique très fréquente, qui peut aller du léger enjolivement – se déclarer « bilingue » en anglais ou s'inventer une mention à un examen – jusqu'au véritable mensonge. Les plus téméraires vont jusqu'à créer de faux diplômes sur Internet, abusant ainsi de la confiance d'un recruteur qui ne prend pas la peine de vérifier chaque ligne du CV. Certaines compétences comme le niveau de langue peuvent être testées en entretien, en poursuivant par exemple la conversation en anglais. Si le candidat a menti, il passera certainement un moment désagréable mais on voit mal l'employeur le poursuivre !

1. Étude de l'institut Florian-Mantione, 2022.

Les choses se compliquent lorsqu'on a affaire à la création d'un faux diplôme, notamment dans le cadre d'une profession réglementée comme la médecine ou le droit. Cela peut paraître difficile à croire, mais des candidats ont déjà menti avec aplomb au conseil de l'ordre de la profession concernée pour être recrutés. En 2020, une femme du nom de Samantha Avril, âgée de 36 ans, s'était improvisée généraliste et avait infligé des dégâts à plusieurs patients. Avant d'être démasquée, elle avait réussi à exercer cinq mois grâce à de faux diplômes, transmis par voie numérique au conseil de l'ordre, qui les avait validés[1]. Un an plus tard, alors qu'elle était placée sous contrôle judiciaire, elle a postulé sur un site pour être recrutée en qualité de médecin et a été renvoyée en détention provisoire[2]. L'affaire n'est donc pas terminée. En octobre 2022, elle a été hospitalisée en psychiatrie[3].

En théorie, le candidat qui commet un délit de faux et usage de faux est passible de 3 ans d'emprisonnement et 45 000 euros d'amende. En pratique, si le mensonge est découvert avant le recrutement effectif, le candidat sera simplement évincé du processus.

La beauté, élément clé du CV ?

Selon une étude datant de 2016 sur les discriminations à l'embauche, publiée par le Défenseur des droits et l'Organisation internationale du travail, une femme obèse

1. « Saône-et-Loire : une fausse médecin démasquée après cinq mois d'exercice », *Le Parisien*, 23 septembre 2020.

2. « La fausse médecin de Montceau à nouveau en détention, après avoir tenté d'exercer à nouveau », *Le Parisien*, 2 novembre 2021.

3. « Affaire Samantha Avril : la "fausse médecin" de Montceau-les-Mines est hospitalisée en psychiatrie », francetvinfo.fr, 13 octobre 2022.

a huit fois moins de chances d'être recrutée qu'une femme à corpulence dite « normale ».

Bien que les compétences professionnelles ne soient corrélées d'aucune façon à l'apparence, certains employeurs soutiennent qu'une personne mince paraît dynamique, tandis que le surpoids serait plus facilement associé à la fainéantise et au laisser-aller. Quelques-uns vont même jusqu'à ériger la beauté en véritable critère de recrutement dans l'espoir de donner une meilleure image à leur entreprise. D'autres, simplement attirés par les photos les plus attrayantes de la pile de CV, le font de manière inconsciente.

S'agissant du surpoids, certaines femmes ont eu le courage de témoigner des paroles déplacées qu'elles avaient reçues en entretien d'embauche. Gabrielle Deydier raconte par exemple : « À la fin d'un entretien, un employeur m'a dit que mon QI n'était pas proportionnel à mon IMC[1]. » Certaines sont blessées d'entrée de jeu par le regard interloqué de l'employeur lorsqu'il « découvre » leur obésité. Selon l'étude de 2016 citée plus haut, les discriminations relatives au poids concernent moins les hommes, ce qui ne fait qu'ajouter aux obstacles rencontrés par les femmes dans le monde du travail.

Si l'on est victime d'une forme de discrimination à l'embauche, il est possible de se tourner vers le Défenseur des droits. Précisons toutefois qu'elle doit porter sur un élément précis : l'origine géographique, le poids, la couleur de peau… La beauté en tant que telle n'est pas un critère recevable, puisqu'elle est subjective. Le Défenseur des

1. Gabrielle Deydier, *On ne naît pas grosse*, Paris, Goutte d'Or, 15 juin 2017. L'IMC, ou indice de masse corporelle, est une mesure de la corpulence d'une personne, calculée en divisant son poids (exprimé en kilogrammes) par sa taille au carré (exprimée en mètres).

droits peut être saisi sans aucun frais, par courrier ou en ligne ; il est recommandé de joindre à la demande le plus de preuves possibles et de détailler son témoignage. Le dossier sera alors instruit et une enquête pourra avoir lieu.

Actuellement, des vagues de *testings* sont lancées afin de renforcer la lutte contre les discriminations. Il s'agit d'envoyer des candidatures fictives à un grand nombre d'entreprises et d'analyser les retours, afin d'identifier les recruteurs qui ne laissent aucune chance aux candidats portant un nom à consonnance maghrébine, par exemple.

Quels sont les métiers où l'on peut choisir un candidat sur son physique ?

En règle générale, il est difficile d'imposer des critères relatifs à l'aspect physique au cours d'un processus de recrutement sans tomber dans la discrimination. Il existe toutefois certaines exceptions, notamment lorsque l'apparence est un « outil de travail » – c'est le cas dans certains métiers comme le mannequinat. Pourtant, même dans ces industries, les critères sont beaucoup plus encadrés qu'auparavant. Il n'est par exemple plus possible d'exiger des mannequins qu'elles maigrissent au-delà d'un certain point, et de nombreuses agences prônent désormais la diversité et l'inclusion.

Comment trouver du travail après 50 ans ?

Sur le marché du travail, la tendance actuelle est de changer régulièrement de poste, voire d'entreprise, tandis qu'il y a quarante ans encore, beaucoup de salariés s'imaginaient sans problème passer toute leur carrière dans la même structure. Les personnes de plus de 50 ans, aussi appelées « seniors », sont cependant unanimes : lorsqu'elles sont licenciées ou quittent leur emploi de leur propre chef, elles ont beaucoup de mal à s'adapter aux nouvelles méthodes de recrutement et à être embauchées ailleurs.

Pour trouver un nouvel emploi en tant que senior, adaptez votre CV en vous appuyant sur les nouveaux moyens de communication. Se contenter de diffuser un document rédigé sous Word peut renvoyer une mauvaise image, et un recruteur aura vite fait de nourrir des doutes quant à votre maîtrise de l'outil informatique. N'hésitez pas à suivre une formation en lien avec les nouvelles technologies et à mettre en avant votre expérience dans le domaine convoité.

2

Prendre sa carrière en main

Contre les inégalités, n'ayez pas peur de réclamer !

Les femmes jouissent en théorie du même accès à l'emploi que les hommes, mais en pratique, la parité est loin d'être respectée dans les postes à responsabilité. Pour prendre l'exemple de ma profession, j'ai constaté très tôt que les femmes étaient majoritaires dans le monde des avocats… sauf parmi les associés de grands cabinets d'affaires, qui sont très souvent masculins. Il en va de même dans de nombreux autres secteurs d'activité, comme l'industrie ou le conseil. Tout se passe comme si le fameux « plafond de verre » était là, empêchant des femmes pourtant compétentes d'évoluer !

L'un des obstacles à la parité est que les femmes intériorisent malheureusement certaines barrières, s'empêchant par exemple de postuler à un poste donné par manque de confiance en elles, ou n'osant pas demander d'augmentation. Elles ont intégré le fait que le monde du travail dans son ensemble les juge moins légitimes que leurs homologues masculins et ont tendance à céder la place à ces derniers. À cela s'ajoutent des tourments qui les concernent au premier chef, par exemple le sexisme et le harcèlement au travail. Si les choses évoluent favorablement et que l'omerta commence à se fissurer, il reste encore beaucoup de progrès à faire. Même si la crainte de perdre son emploi est paralysante, il faut garder à l'esprit que se battre pour un environnement plus sain et plus accueillant envers les femmes est aussi un moyen d'aider les prochaines candidates.

Différents comptes Instagram « lanceurs d'alerte » publient aujourd'hui du contenu destiné à susciter une prise de conscience et à faire avancer le débat sur ce sujet. Aucun secteur d'activité n'est épargné : droit, journalisme, start-ups, agences de publicité… Certains se focalisent sur la dénonciation des comportements sexistes en milieu professionnel, sur le modèle de #BalanceTonPorc. D'autres cherchent à alerter de manière plus générale sur les dérapages des employeurs. Les entreprises ayant tout intérêt à soigner leur réputation, on imagine sans peine l'impact de ces dénonciations en ligne, désignées aujourd'hui par l'expression « *name and shame* » – même si le risque de diffamation n'est jamais loin et que la présomption d'innocence doit être respectée.

Peut-on encore avoir un enfant lorsqu'on est salariée ?

De plus en plus de femmes âgées de 20 à 40 ans sont interrogées, dans le cadre d'entretiens d'embauche, sur leur éventuel désir d'enfant – alors qu'il est interdit pour un employeur d'exiger une telle information. En effet, les questions posées au cours d'un entretien ne doivent avoir pour but que d'apprécier la capacité du candidat – en l'occurrence, de la candidate – à remplir les missions du poste concerné, et d'évaluer ses aptitudes professionnelles[1].

Demander à une femme qui postule à un emploi si elle compte tomber enceinte prochainement est donc illégal,

1. Article L. 1221-6 du Code du travail.

sans compter que c'est déplacé. Pourtant, dans le cas où celle-ci répond par l'affirmative, il est probable que le recruteur écartera sa candidature sous un prétexte fallacieux, par exemple son manque d'expérience. Si vous vous retrouvez un jour dans cette situation, je vous conseille donc de répondre par la négative même si vous êtes déjà enceinte. Une fois que vous serez en poste, l'employeur ne pourra pas vous reprocher de ne pas l'en avoir informé… dans l'hypothèse, bien sûr, où vous acceptez de travailler pour quelqu'un qui se permet de poser une telle question lors de votre première entrevue ! Tourner aussitôt les talons serait tout à fait compréhensible. Même à supposer que le recruteur est informé de la grossesse d'une candidate, il n'a pas le droit d'écarter sa candidature sur ce critère ni de chercher à se renseigner sur l'avancement de cette grossesse[1]. La postulante n'est pas tenue de donner des détails à ce sujet au moment de l'entretien d'embauche[2]. Les relations risquent d'être un peu tendues lorsqu'il apprendra qu'elle savait déjà être enceinte au moment de la prise de poste, mais cela ne peut en aucun cas être un motif de licenciement.

On ne peut pas non plus être remerciée en plein congé maternité, ni juste après. Jusqu'à dix semaines après le retour au travail (pour les salariées du secteur privé)[3], seule une faute grave ou une incapacité démontrée, non liée à l'état de grossesse ou à l'accouchement, rendant impossible le maintien du contrat de travail qui lie la salariée à l'employeur justifie un licenciement[4]. Évidemment, pour que ces règles destinées à protéger la femme enceinte ou la jeune mère

1. Article L. 1225-1 du Code du travail.
2. Article L. 1225-2 du Code du travail.
3. Article L. 1225-4-1 du Code du travail.
4. Article L. 1225-4 du Code du travail.

s'appliquent, l'employeur doit être informé de l'état de grossesse. Il est donc recommandé de le notifier en temps voulu afin de bénéficier de ce bouclier, en fournissant un certificat médical avec mention de la date prévue de l'accouchement.

Au retour d'un congé maternité, certaines femmes constatent que leurs conditions de travail ont changé, que leur employeur se comporte différemment, voire qu'on les placardise ouvertement. Tout se passe comme si on cherchait à leur faire comprendre qu'une deuxième grossesse n'était pas la bienvenue, ou à leur faire « payer » le fait de s'être absentées. Dans ce cas de figure, il est conseillé de collecter le maximum de preuves pour démontrer les faits, y compris des témoignages des collègues. Ces éléments pourront ensuite être présentés devant le conseil des prud'hommes si une procédure est engagée.

Gérer les périodes de crise

Lorsqu'on prend conscience qu'une situation vécue sur le lieu de travail est anormale et psychologiquement pesante, il faut commencer par constituer un dossier de façon méthodique et minutieuse. L'idéal est de procéder par écrit et de conserver une trace des échanges. Afin de donner plus de poids à ces éléments, il est possible de faire ensuite transcrire les plus pertinents d'entre eux par un commissaire de justice, le coût variant en fonction du nombre de messages. Si l'on demande une attestation sur l'honneur à ses collègues, leur témoignage ne peut pas être anonyme. Pour être recevable, il doit être accompagné d'une copie de leur pièce d'identité. Enfin, il est également recommandé de consulter un médecin du travail pour faire le point sur son état de santé et de savoir si l'on est apte à poursuivre dans ses fonctions.

Une fois que l'on est prêt à faire face à son employeur, le meilleur moyen de notifier la situation problématique est d'envoyer une lettre recommandée avec accusé de réception, sans oublier d'en conserver une copie à produire en cas de litige. Si aucune solution n'est apportée, le conseil des prud'hommes pourra être saisi, avec ou sans avocat – bien qu'il soit plus prudent de se faire aider par un professionnel au vu du caractère technique des procédures.

Peut-on enregistrer son salarié pour prouver un comportement inapproprié ?

« Les paroles s'envolent, les écrits restent » : compte tenu de l'évolution des nouvelles technologies et de la démocratisation des enregistreurs vocaux, cet adage semble avoir fait son temps !

En droit du travail, si l'on souhaite fournir un enregistrement vocal comme élément de preuve dans le cadre d'une procédure, celui-ci doit avoir été obtenu de manière « loyale » : autrement dit, s'il a été réalisé à l'insu de la personne visée, par exemple un salarié, il sera jugé irrecevable. La jurisprudence est très claire sur ce point.

Toutefois, dans un arrêt de 2020, la Cour de cassation a assoupli ce critère en décidant qu'un enregistrement constituait une preuve valide, à condition que sa production soit « indispensable et proportionnée ». Par exemple, en cas de harcèlement très grave, il est possible d'agir en matière pénale, auquel cas un enregistrement clandestin est recevable[1].

1. Cour de cassation, chambre sociale, 25 novembre 2020, n° 17-19523 : « L'illicéité d'un moyen de preuve n'entraîne pas nécessairement son rejet des débats, le juge devant apprécier si l'utilisation de cette preuve a porté

Quant à la messagerie professionnelle, l'employeur peut consulter tout ce qu'y reçoit le salarié, sauf si la mention « privé » figure explicitement dans l'objet d'un courriel. Bien sûr, l'idéal est de s'abstenir d'utiliser sa messagerie professionnelle pour échanger des messages privés[1].

Mise au placard et burn-out *: comment se faire entendre ?*

La mise au placard consiste à écarter sciemment un employé des prises de décision importantes, et plus généralement de toute la vie de l'entreprise. Cela peut se manifester de différentes manières, comme le fait de ne plus le convier aux réunions ni aux rendez-vous, ou de ne plus lui donner de travail du tout – ce qui est sanctionné, tout contrat de travail prévoyant l'obligation pour l'employeur d'assigner des missions à son salarié. À défaut, le contrat peut être requalifié[2], puisqu'il s'agit là d'un élément essentiel[3].

Si, malgré une tentative amiable de résolution du problème, on ne constate aucune amélioration, il est possible – à condition de ne plus être en période d'essai – de procéder à une « prise d'acte de la rupture du contrat de travail »

---

atteinte au caractère équitable de la procédure dans son ensemble, en mettant en balance le droit au respect de la vie personnelle du salarié et le droit à la preuve, lequel peut justifier la production d'éléments portant atteinte à la vie personnelle d'un salarié à la condition que cette production soit indispensable à l'exercice de ce droit et que l'atteinte soit strictement proportionnée au but poursuivi. »

1. Cour de cassation, chambre sociale, 2 octobre 2001, n° 99-42942 (jurisprudence dite « Nikon ») ; Cour de cassation, chambre sociale, 12 octobre 2004, n° 02-40392 (puis jurisprudence constante).

2. Cour de cassation, chambre sociale, 9 juin 2015, n° 13-26834.

3. Cour de cassation, chambre sociale, 6 avril 2011, n° 09-66818.

pour se libérer de ses propres obligations par décision de justice. Il faut ensuite saisir le conseil des prud'hommes pour faire constater cette prise d'acte, et réclamer un jugement. En supposant que les manquements de l'employeur sont avérés, ils seront considérés comme un licenciement sans cause réelle et sérieuse ; dans le cas contraire, on considérera que c'est le salarié qui démissionne. Si ce dernier a signé un CDI, une rupture conventionnelle peut être envisagée, mais l'employeur ne peut pas l'imposer.

Le *burn-out* correspond à l'exact opposé de la placardisation : le salarié a trop de travail et subit une pression professionnelle permanente. Le stress et le surmenage ont alors sur sa santé physique et mentale des conséquences désastreuses et, dans le pire des cas, mènent au suicide. Bien que le *burn-out* ne figure pas officiellement au tableau des maladies professionnelles, il est diagnostiqué quand plusieurs conditions sont réunies. L'étude du dossier du salarié est réalisée par la Caisse primaire d'assurance maladie (CPAM). Pour que la dégradation de l'état de santé soit attribuée aux conditions de travail, la maladie doit être « essentiellement et directement causée par le travail habituel de la victime » et, de plus, « entraîner le décès de la victime ou une incapacité permanente à un taux d'au moins 25 % »[1]. Si le salarié parvient en outre à démontrer que l'employeur a manqué à son obligation de veiller à sa sécurité, la responsabilité de ce dernier sera éventuellement engagée[2].

Se remettre d'un *burn-out* nécessite un repos complet pendant une période souvent assez longue. Selon l'évolution de son état de santé, et si les conditions sont réunies, le salarié qui le souhaite peut ensuite reprendre son travail sous la forme d'un mi-temps thérapeutique.

1. Article L. 461-1 du Code de la Sécurité sociale.
2. Article L. 4121-1 du Code du travail.

3

Monter soi-même sa boîte

Qui peut créer son entreprise ?

Être salarié présente de nombreux atouts : stabilité, avantages financés par l'entreprise, congés payés... Néanmoins, de plus en plus d'individus ressentent le besoin de se libérer du lien de subordination imposé par le contrat de travail et lancent leur propre activité. En tant qu'entrepreneur, on devient libre de son emploi du temps mais on renonce au confort du salariat. On ne peut pas tout avoir !

En pratique, toute personne majeure (avec quelques exceptions pour les majeurs protégés) a le droit de créer son entreprise. Les démarches pour devenir autoentrepreneur sont faciles à effectuer et accessibles même aux étudiants. Ce régime de la microentreprise, le plus simple en termes de formalités administratives, n'est valable qu'en deçà d'un certain niveau de chiffre d'affaires annuel. Il faut aussi être vigilant sur le régime de la TVA applicable. En cas de doute, le plus sage est de consulter un expert-comptable.

Peut-on lancer sa marque sur les réseaux sociaux ?

Il y a quelques années encore, créer sa propre marque semblait une lubie réservée aux égéries des maisons de haute couture. Désormais, qu'il s'agisse de vendre des vêtements, des produits cosmétiques ou des décorations d'intérieur, cela s'est démocratisé. Avant de lancer une marque, il faut notamment vérifier que le nom choisi est disponible en effectuant une recherche d'antériorité auprès de l'Institut national de la propriété industrielle (Inpi), voire auprès de l'Organisation mondiale de la propriété intellectuelle (OMPI) si l'on a des ambitions internationales. Ensuite, il faut créer une structure juridique, par exemple une microentreprise.

Une fois cela fait, afin que la marque prospère et que les produits s'écoulent bien, le défi est d'atteindre des clients potentiels en communiquant : pour cela, quoi de plus adapté que l'incroyable levier d'audience que représentent les réseaux sociaux ? La création d'une page dédiée sur Instagram ne pose pas de problème particulier ; il est conseillé de créer en parallèle des comptes reprenant le nom de votre marque sous toutes les variantes imaginables afin que personne ne se l'approprie. Concernant la création d'un site internet, la rédaction des mentions légales, qui sont obligatoires, demande une certaine vigilance.

Peut-on travailler sous pseudonyme ?

Le pseudonyme est un nom d'emprunt que l'on choisit soi-même et qui sert à masquer l'identité réelle. Sur Internet, de nombreuses personnes y ont recours, souvent pour jouir d'une plus grande liberté d'expression ; c'est également une pratique répandue dans le milieu de la télévision et du cinéma. On le sait moins, mais de nombreuses personnes utilisent aussi des pseudonymes dans d'autres métiers sans être des personnalités publiques. Quelques restrictions s'appliquent, par exemple dans le cas des professionnels de santé qui doivent exercer sous leur vrai nom.

Les raisons d'utiliser un pseudonyme sont multiples : par exemple, une personne que je représente m'a un jour avoué qu'elle n'aimait pas son prénom. Sans en changer officiellement, elle souhaitait porter un prénom « plus jeune ». On peut aussi comprendre que certains désirent protéger leur vie privée. Les personnes sous pseudonyme étant souvent connues comme telles, y compris par leurs proches, leur véritable identité ne leur sert plus. Dès lors, la question de l'inscription du pseudonyme sur les papiers d'identité peut légitimement être posée.

En France, c'est possible pour la carte d'identité, mais pas pour le passeport. Concernant le choix du pseudonyme lui-même, il est fortement déconseillé de s'approprier celui d'une personnalité publique afin d'éviter tout risque d'usurpation d'identité. On ne peut pas non plus choisir un nom qui troublerait l'ordre public par son caractère injurieux, raciste, antisémite… Dans un deuxième temps, il convient de démontrer que l'usage de ce pseudonyme est constant dans le temps. Une fois que cela est établi, la démarche consiste à remplir un formulaire de renouvellement de carte d'identité en ajoutant un acte de notoriété ou une attestation de l'organisme professionnel auprès duquel on désire exercer sous pseudonyme, notamment pour les artistes. Une précision, toutefois : s'il est donc légal de faire figurer un pseudonyme sur sa carte d'identité, il est en revanche impossible de le transmettre à ses enfants en tant que nom de famille.

Mon compte Vinted a été abusivement bloqué

Les plateformes comme Vinted, évoquées dans la première partie de cet ouvrage, permettent à des particuliers d'acheter et de vendre toutes sortes d'articles de seconde main. Lorsque le flux des ventes est régulier, il s'agit d'une source de revenus complémentaire non négligeable, à tel point que beaucoup d'utilisateurs créent des comptes professionnels afin d'officialiser leur activité.

Or plusieurs *vinties*, surnom attribué aux personnes qui vendent sur Vinted, ont la mauvaise surprise de voir un jour leur compte bloqué, soit parce qu'elles ont vendu trop d'articles sans prendre le temps de créer un compte professionnel, soit pour des raisons à mon sens spécieuses. Le blocage peut être temporaire ou définitif : dans le premier cas, il faut se montrer patient et ne pas créer de nouveau compte car celui-ci sera clôturé automatiquement lorsque Vinted reconnaîtra l'adresse IP. En cas de blocage définitif, les conditions générales de vente sont très floues ; la plateforme est basée à l'étranger, ce qui ne facilite pas les réclamations.

Des groupes d'utilisateurs se sont constitués sur les réseaux sociaux pour lutter contre les abus. En ce qui me concerne, mon compte Vinted a été bloqué temporairement une fois pour une raison que j'ignore, car je vendais très peu. J'ai eu la mauvaise idée d'en créer un deuxième, enfreignant par là le règlement. Il m'a fallu rédiger pas moins de deux courriers pour expliquer le problème et dénoncer le caractère imprécis des conditions générales de vente – moi qui suis avocate ! En parallèle, j'ai adressé à la plateforme des courriels « en rafale », agacée d'avoir affaire à des *bots*, ou robots de messagerie. Au bout de 80 envois, mon compte a été débloqué. Je ne saurai jamais si ce sont mes innombrables mails ou mes courriers d'avocat qui ont résolu la situation, mais je recommande de relancer Vinted jusqu'à obtenir gain de cause, et d'expliquer que les conditions générales de vente ne sont pas claires du tout.

Créer une société avec son conjoint : est-ce une bonne idée ?

Sur le principe, fonder une entreprise avec son partenaire est une excellente idée : cela permet de travailler efficacement avec une personne que l'on connaît déjà bien et de s'impliquer dans un même projet. En pratique, cela fonctionne tant que la relation de couple est stable et harmonieuse. Lorsque survient un conflit, même minime, il est cependant très difficile de faire abstraction de ses sentiments ; en cas de rupture, il n'est pas toujours aisé de déterminer qui gardera l'entreprise – à moins que l'on ne soit prêt à travailler tous les jours aux côtés de son ex.

Juridiquement, il existe un statut de « conjoint collaborateur », que l'on peut adopter. Ce statut n'est valable que pour une durée maximale de 5 ans : au-delà, il faut opter pour celui de « conjoint salarié » ou « conjoint associé » – le premier étant appliqué par défaut en l'absence de décision[1].

Certains couples considèrent que les formalités sont superflues et préfèrent « se faire confiance ». L'un des conjoints travaille alors de façon régulière pour l'autre, sans revenu fixe et sans déclarer cette situation, ce qui est très risqué ; en cas de séparation contentieuse, les conséquences seront sérieuses. Prenons l'exemple d'une femme que j'ai connue, et que nous appellerons ici Agathe. Pendant

1. Article L. 121-4 du Code du commerce.

quinze ans, elle a travaillé pour son mari, un entrepreneur[1], en prenant en charge différentes tâches afin de soutenir son activité : vérifier l'heure des rendez-vous, appeler les clients pour décaler leurs créneaux, aider à rédiger des mails… Tout cela représentait près de 10 heures d'investissement par semaine. Bien entendu, son mari a toujours subvenu à tous ses besoins et à ceux de leurs enfants. J'ai néanmoins été très étonnée d'apprendre qu'Agathe n'avait même pas de compte bancaire à son nom et que lorsqu'elle souhaitait effectuer un achat, son mari lui remettait la somme correspondante en espèces. Concernant les biens plus chers, il les réglait lui-même avec sa carte bleue. Autrement dit, même les bijoux et autres cadeaux qu'il lui avait offerts n'étaient pas au nom d'Agathe, mais de son mari.

Ce mode de fonctionnement convenait plutôt bien aux époux jusqu'à ce qu'Agathe décide de divorcer. Elle a compris à ce moment-là que son mari ne l'avait jamais déclarée et qu'elle n'avait donc pas cotisé pour ses droits à la retraite. Elle a renoncé à le quitter, dans son propre intérêt financier et dans celui de leurs enfants. Cet exemple frappant sonne comme une mise en garde contre le « bénévolat conjugal ».

1. Afin de préserver l'anonymat de la personne dont il est ici question, la profession a été modifiée.

4

Connaître ses droits à la retraite

Mon mari est décédé, vais-je obtenir une pension de réversion ?

Lorsque quelqu'un meurt, tout ou partie de sa retraite peut être reversée chaque mois à son conjoint survivant[1]. C'est ce que l'on appelle une « pension de réversion ». Elle n'est valable que pour les couples mariés, et non pour les concubins ni pour les partenaires de Pacs. Il n'existe en revanche aucune condition sur la durée du mariage. De plus, si la personne défunte a été mariée plusieurs fois au cours de sa vie et qu'une pension de réversion est attribuée, celle-ci sera partagée entre son conjoint au moment du décès et tous ses ex-conjoints, au prorata de la durée respective de chaque mariage[2].

Pour bénéficier de ce type de pension, il faut avoir au moins 55 ans au moment où son conjoint décède – dans le cas contraire, on sera plutôt concerné par une pension de veuvage. Les ressources ne doivent en outre pas dépasser un certain plafond. Comme pour ses propres droits à la retraite, il est possible d'effectuer une simulation en

1. Article L. 353-1 du Code de la Sécurité sociale.
2. Article L. 353-3 du Code de la Sécurité sociale.

ligne. La pension de réversion correspond généralement à 54 % du montant que le conjoint percevait ou aurait dû percevoir (lorsque celui-ci travaillait dans le secteur privé). Quelques démarches sont nécessaires pour l'obtenir, car cela n'est pas automatique, mais elles peuvent être effectuées en ligne très facilement. Une fois le dossier validé, le versement de la pension de réversion sera mensuel. Sans réponse dans un délai de 4 mois, il faut considérer que la demande a été rejetée[1].

1. Article R. 354-1 du Code de la Sécurité sociale.

CINQUIÈME PARTIE

L'argent

Sujet tabou pour certains, préoccupation majeure pour beaucoup, l'argent intervient dans tous les domaines de l'existence. Qu'il s'agisse de la gestion de notre patrimoine, de la négociation de notre rémunération ou, plus trivialement, du suivi de nos dépenses quotidiennes, il cristallise nos inquiétudes et nos souhaits.

Mais l'argent revêt aussi une importance particulière à certains moments charnières de la vie. Il suffit d'un héritage ou d'un proche dans le besoin pour que certaines interrogations, parfois inavouables, s'imposent pourtant : peut-on contester un testament ? Faut-il toujours payer pour sa famille ? Comment éviter d'être trop lourdement taxé ? Dans cette cinquième partie, la question financière est abordée sans détour.

1

Gérer son argent au quotidien

Combien faut-il gagner pour épargner ?

À première vue, il semble évident que plus on gagne d'argent, plus on est en mesure d'épargner. Si c'est vrai d'un point de vue strictement mathématique, force est de constater qu'à tous les niveaux de salaire, certains arrivent à mettre de côté chaque mois, tandis que d'autres vivent au-dessus de leurs moyens. Ce n'est donc pas une question de montant mais de capacité à gérer ses ressources. Épargner systématiquement 5 % de ce que l'on gagne est un bon début. Investir dans un plan épargne logement (PEL) est également une option intéressante, car cela réduit la tentation de dépenser ses économies – car dès que l'on pioche dans son PEL avant la date d'échéance du contrat, on en perd tous les bénéfices !

Au début de l'année 2023 (et cela peut évoluer, à la hausse comme à la baisse), le taux des livrets A et de développement durable et solidaire (LDDS) est de 3 %, avec des plafonds respectifs fixés à 22 950 euros et 12 000 euros. Ce taux est réévalué plusieurs fois par an et, bien que les bénéfices réalisés soient faibles, ces livrets ont le mérite d'être faciles à utiliser, sans compter que l'argent reste disponible en cas de besoin. Il est possible d'ouvrir un livret par personne, y compris pour les mineurs : cela peut être une façon pertinente de mettre de l'argent de côté pour ses enfants jusqu'à leurs 18 ans. Pour les 12-25 ans, il existe également le livret jeune, qui est plafonné à 1 600 euros[1].

Je n'arrive plus à payer mon crédit : puis-je engager la responsabilité de ma banque ?

La banque a deux obligations à l'égard de ses clients : une obligation de mise en garde et une obligation de vigilance[2]. Au quotidien, un conseiller n'a pas le droit de s'immiscer dans la gestion de l'argent de son client ni de donner son opinion sur la pertinence des transactions que celui-ci souhaite effectuer[3]. Cela ne l'empêche évidemment pas de se manifester s'il constate que des dépenses susceptibles d'engendrer un découvert non autorisé sont engagées[4] ! En vertu du secret bancaire, le conseiller a par ailleurs l'interdiction de divulguer à des tiers des informations sensibles concernant ses clients ou des détails sur leur situation financière, sauf exception – par exemple, sur demande d'une autorité judiciaire dans le cadre d'une procédure pénale[5].

Le devoir de mise en garde évoqué plus haut s'applique principalement vis-à-vis des personnes « non averties », c'est-à-dire des personnes qui souhaitent réaliser des opérations dont elles ne connaissent pas le fonctionnement en détail, par exemple des montages financiers. Dans ce cas, le banquier doit « avertir » son client : si l'opération n'est pas adaptée aux capacités financières de ce dernier ou risque

1. Articles L. 221-24 du Code monétaire et financier.
2. Fiches d'orientation, Dalloz, septembre 2021.
3. Cour de cassation, chambre commerciale, 11 mai 1999, n° 96-16088.
4. Cour de cassation, chambre commerciale, 9 juillet 1996, n° 94-17119.
5. Article L. 511-33 du Code monétaire et financier.

d'entraîner un endettement excessif, il doit le lui expliquer. Cela suppose d'avoir évalué en amont le degré de connaissances du client concerné. Si vous souhaitez réaliser une opération financière complexe, il est important de rédiger à l'attention de votre banquier un écrit détaillant votre niveau d'information en la matière, afin d'éviter toute difficulté par la suite. En cas de litige, vos chances d'obtenir gain de cause ne seront pas du tout les mêmes selon que vous êtes considéré comme une personne avertie ou non avertie.

Un exemple typique de litige est le suivant : un particulier souscrit un crédit, mais après un certain temps, ne parvient plus à le rembourser. Il considère que sa banque ne l'a pas suffisamment mis en garde contre ce risque et souhaite la poursuivre pour manquement à ses obligations. Dans ce cas, il doit tout d'abord établir qu'il n'était pas, au moment où il a contracté le crédit, une « personne avertie[1] ». Ensuite, si le banquier a effectivement manqué à ses obligations de mise en garde et que le client a subi un préjudice (ce qu'il faut prouver), une action est envisageable. Selon les circonstances, la banque pourra être condamnée à verser des dommages-intérêts.

Comment assurer la sécurité financière de son enfant encore mineur ?

Certains parents souhaitent constituer une « enveloppe » à leur enfant mineur afin que celui-ci puisse, à ses 18 ans, se payer des études supérieures ou passer par exemple son

1. Cour de cassation, chambre commerciale, 19 novembre 2003, n° 01-00205.

permis de conduire. Si mettre chaque mois de côté une somme significative peut sembler difficile, en particulier pour les familles nombreuses ou au budget serré, il existe des astuces afin d'assurer l'avenir de son enfant sans avoir l'impression de se sacrifier.

Sachez qu'en économisant 1 euro chaque jour pendant dix-huit ans, vous mettrez au bout du compte environ 6 500 euros de côté pour votre enfant, ce qui est déjà une jolie somme. C'est une habitude très simple à prendre, et qui peut faire une réelle différence. Comme mentionné plus tôt, il est également possible de lui ouvrir un livret à son nom, dont il pourra disposer librement à sa majorité.

Faut-il souscrire une assurance vie ?

L'assurance vie est un dispositif intéressant en termes de fiscalité et très utile lors de la constitution d'un capital. Son avantage principal et qu'elle permet de toucher des intérêts sur l'argent épargné. Lorsque le contrat arrive à terme, la totalité du montant revient au souscripteur ou à un bénéficiaire déterminé. Il est possible, sous certaines conditions, de modifier le bénéficiaire à tout moment. La durée du contrat est à déterminer à la signature ; elle est généralement renouvelable par tacite reconduction.

L'assurance vie est naturellement un placement pertinent pour protéger ses proches en cas de décès car la somme reversée n'entrera pas dans le calcul de l'actif successoral, sauf si le versement des primes est excessif. Mais ce type d'assurance est aussi un outil attrayant pour quiconque cherche à préparer sa retraite, ou encore à investir dans l'immobilier.

Concrètement, il est possible d'opter pour trois systèmes distincts : le versement initial, le versement programmé ou le versement complémentaire libre. Des frais d'entrée et de gestion de dossier s'appliquent, ainsi qu'un pourcentage prélevé sur chaque versement. Avant de prendre une décision quant à ce type d'assurance, il est sage de solliciter l'avis d'un conseiller bancaire. Celui-ci doit identifier l'offre la plus adaptée à la situation du client et, sur demande, remettre à ce dernier un projet de contrat dans lequel figurent les conditions de désignation du bénéficiaire. Si, après une lecture attentive de ce document, le particulier décide de souscrire, il a quoi qu'il arrive un droit de rétractation pendant une durée de 30 jours à compter de la signature.

2

Aider financièrement ses proches

Dois-je aider mes parents ?

Peu de gens savent qu'il existe entre parents et enfants une obligation alimentaire réciproque. On ne peut pas laisser son enfant dans le besoin… mais son père ou sa mère non plus[1] ! La fameuse pension alimentaire, mentionnée précédemment dans le cas d'un divorce avec enfant mineur, peut donc aussi être versée par un adulte à ses géniteurs. Elle couvre selon les cas le loyer, l'alimentation ou encore les frais médicaux de ces derniers, mais peut aussi se traduire par le fait de les héberger.

Lorsqu'elle est versée sous forme d'argent, le montant dépend des ressources et des charges de celui qui la paie. En cas de contentieux, il est fixé par le juge, ce qui nécessite que chacun, parent comme enfant, fournisse différents justificatifs : avis d'imposition, factures liées aux dépenses incompressibles… Le fait d'avoir d'autres personnes à charge est également pris en considération : si l'on doit subvenir aux besoins de sa mère, mais que l'on a soi-même des enfants à charge, la pension à verser sera probablement minorée.

1. Article 205 du Code civil.

Que l'accord soit amiable ou fixé par un juge, la pension alimentaire, si elle est imposable pour le bénéficiaire, peut être déduite des revenus de celui qui la finance sous certaines conditions. Si l'on bénéficie déjà d'un crédit d'impôt pour un emploi salarié au domicile de son parent, on ne peut pas cumuler les deux avantages. Il convient de conserver tous les justificatifs appropriés afin de pouvoir les produire en cas de contrôle : ceux qui attestent de la situation du parent, comme ceux qui démontrent l'aide qu'on lui apporte au titre de l'obligation alimentaire. Enfin, si l'on héberge une personne âgée de plus de 75 ans (dont les ressources ne dépassent pas un certain plafond), avec ou sans lien de parenté mais sans obligation alimentaire, l'exception veut que l'on puisse bénéficier d'une déduction d'impôt.

Ma sœur est dans le besoin, suis-je obligé de l'aider ?

L'obligation alimentaire n'existe pas entre frère et sœur. S'il y a éventuellement une obligation morale à aider un membre de sa fratrie dans le besoin, il n'y a donc aucune obligation juridique à le faire. Si l'on décide malgré tout de se montrer secourable, il ne sera pas possible de déduire de ses revenus la pension versée pour obtenir des avantages fiscaux.

Combien puis-je donner à mes enfants sans que cette donation soit taxée ?

Avant toute chose, il convient de distinguer le cadeau, ou présent d'usage, de la donation. Un cadeau peut être offert sans faire l'objet d'une déclaration. Il ne doit pas appauvrir l'offrant, ce qui sera déterminé au regard du niveau de vie, du patrimoine et des revenus de ce dernier. Enfin, il est généralement offert pour une occasion particulière, comme un anniversaire ou une fête. Ce n'est donc pas uniquement sa valeur qui permet de le définir, mais aussi les circonstances et la situation de l'offrant. Une somme de 5 000 euros peut être considérée comme un cadeau si elle provient d'une personne aux revenus très confortables, mais elle correspondra à une donation si elle provient de quelqu'un au train de vie plus modeste.

La donation, contrairement au cadeau, doit être déclarée, ce qui n'implique pas nécessairement de payer des droits dessus. Si elle est faite au sein d'une famille, notamment au profit d'un enfant ou d'un petit-enfant, une exonération de droits sera appliquée jusqu'à 31 865 euros par tranche de 15 ans, à condition que le donateur ait moins de 80 ans au jour de la transaction[1]. En plus de cette exonération, un abattement peut être appliqué en fonction du lien de parenté : plus le donateur et le destinataire sont proches, plus l'abattement sera important.

La déclaration en ligne d'une donation dans le cercle familial doit être réalisée dans le mois qui suit la transaction, sur le site des impôts. Pour certaines donations, notamment celles qui portent sur des biens immobiliers, il est indispensable de solliciter l'intervention d'un notaire[2].

1. Article 790G du Code général des impôts.

2. « Dons familiaux : quelle est la fiscalité applicable ? », economie.gouv.fr, modifié le 7 octobre 2022.

Comment caractériser l'abus de confiance et l'abus de faiblesse ?

L'abus de confiance et l'abus de faiblesse représentent deux infractions pénales distinctes, mais ils sont souvent confondus. Il arrive qu'au moment d'une succession, l'entourage du défunt se demande si celui-ci n'a pas été victime de l'un ou de l'autre.

L'abus de confiance est défini comme le fait de s'approprier ou de détourner de son usage une chose que l'on a obtenue de sa victime : il peut s'agir d'argent, de biens, de documents… L'infraction est caractérisée lorsque le bien en question a été détourné de l'usage initialement prévu ou qu'il n'a pas été restitué dans les délais fixés[1]. Cependant, l'abus de confiance ne peut exister entre époux, ni entre parent et enfant, au nom de ce que l'on appelle « l'immunité familiale » – à moins que le bien en question soit indispensable à la vie quotidienne, ce qui est le cas, entre autres, des documents d'identité[2].

L'abus de faiblesse correspond au fait de profiter de l'état de vulnérabilité, temporaire ou permanent, d'une personne : handicap, âge avancé, état dépressif, niveau de français insuffisant[3]… Cela peut se traduire par le fait de lui faire signer un document contraire à ses intérêts ou encore de la démarcher à son domicile pour lui vendre un quelconque service. À la différence de l'abus de confiance, il ne s'agit donc pas d'obtenir de sa part un bien, un fonds ou une valeur, mais plutôt de la pousser à accomplir un acte juridique.

---

1. Article 314-1 du Code pénal.
2. Article 314-4 du Code pénal.
3. Article 223-15-2 du Code pénal.

En cas d'abus de confiance ou de faiblesse, il est possible d'agir sur le plan pénal en déposant plainte. Il est alors nécessaire de démontrer que l'auteur des faits a agi intentionnellement, mais aussi, dans le second cas, que la victime était bien dans un état de vulnérabilité, par exemple au moyen d'un certificat médical. Si un contrat contraire à l'intérêt de celle-ci a été souscrit, il peut être annulé au moyen d'une mise en demeure accompagnée d'un courrier explicatif. Si cela ne fonctionne pas, une autre solution consiste à agir sur le plan civil, en plaidant le vice du consentement. Dans le cadre de cette procédure, il est recommandé de se tourner vers un professionnel du droit. L'annulation du contrat pourra être sollicitée ainsi que la restitution des sommes versées et, le cas échéant, des dommages-intérêts pour le préjudice subi.

3

Les successions

À qui laisse-t-on son argent par défaut ?

Lorsqu'un des membres d'un couple marié décède, le conjoint survivant est naturellement l'un des premiers à hériter. Cependant, il ne reçoit en général pas l'intégralité de la succession : il peut être avantagé si le défunt a prévu de lui laisser la quotité disponible dans son testament, mais dans tous les cas, les enfants toucheront également leur quote-part. En l'absence de dispositions testamentaires, le conjoint ne recueille que sa propre part, laquelle dépend du nombre d'héritiers.

La présence d'enfants d'un premier lit a également une incidence sur la somme reçue, puisque le conjoint ne pourra pas choisir entre le quart de la pleine propriété et le quart de l'usufruit : la première option sera appliquée par défaut[1].

1. Article 757 du Code civil.

Le viager, ou comment déshériter ses enfants

Certaines personnes âgées estiment, parfois à juste titre, être complètement délaissées par leurs enfants dans leurs vieux jours et ne souhaitent rien leur laisser après leur mort. Dans ces conditions, mettre leur bien immobilier en viager peut être une solution adaptée. Concrètement, il s'agit pour les propriétaires de vendre leur logement à un acheteur qui leur verse en échange une rente viagère jusqu'à leur décès – après quoi le logement appartient à ce dernier. La conséquence du viager est que le bien immobilier, libre ou occupé, ne sera pas pris en compte au moment de la succession, ce qui diminuera considérablement l'actif.

Cette pratique, parfaitement légale en France, permet aux vendeurs de profiter d'une retraite confortable grâce au versement d'un « bouquet » – somme d'argent reçue lors de la signature de l'acte de vente – auquel s'ajoute la fameuse rente viagère, laquelle peut être mensuelle, trimestrielle ou annuelle, et être payée à une ou plusieurs personnes[1]. Contrairement à une idée reçue, le versement du bouquet n'est pas une obligation ; il intervient néanmoins presque systématiquement, et correspond environ à 30 % du prix de vente. Quant à la rente viagère, elle est soumise à l'impôt sur le revenu.

En pratique, il est important de connaître les conditions du viager avant de se lancer. Naturellement, le décès du vendeur doit être imprévisible : l'acquéreur ne doit pas avoir connaissance d'une quelconque maladie de ce dernier lors de la conclusion de la vente. À ce titre, la loi considère d'ailleurs que si la mort survient dans les 20 jours suivant la signature, le contrat n'est pas valable[2].

1. Article 1972 du Code civil.
2. Article 1975 du Code civil.

Une question qui revient fréquemment lors de la vente d'un bien en viager est celle du financement des travaux et des réparations. Il convient de distinguer deux hypothèses : celle où le viager est vendu libre, et celle où il est vendu occupé. S'il est libre, l'entretien et les charges quotidiennes sont entièrement à la charge de l'acheteur. Autrement, et sauf dispositions contraires, le vendeur doit s'acquitter des dépenses courantes, tandis que l'acheteur doit régler les réparations plus sérieuses – à moins que celles-ci ne découlent d'un défaut de réparation et d'entretien depuis la conclusion du viager[1]. Il est important de préciser ce point lors de la rédaction de l'acte de vente afin d'éviter tout litige ultérieur.

Expatriation en terre inconnue

Si l'on souhaite jouir d'une liberté absolue quant à l'organisation de sa succession, une solution autre que le viager consiste à s'expatrier, de manière à déclarer sa résidence principale dans un pays qui ne restreint pas les droits du testateur. Cela suppose d'être fiscalement rattaché à ce pays étranger.

Pour cela, il convient tout d'abord de bien choisir la destination en question ! Les États qui se sont inspirés, comme la France, du droit romain, auront sensiblement la même législation en matière de succession. Il en va de même pour les pays germaniques. S'installer en Italie ou en Allemagne ne sera donc pas d'une grande aide si l'on cherche à gagner en liberté testamentaire… Au contraire, les pays dits de *common law*, principalement les pays anglo-saxons, offrent une plus grande latitude pour organiser sa succession. On

1. Article 605 du Code civil.

se souvient de l'exemple de Johnny Hallyday, qui avait choisi de vivre aux États-Unis afin d'avoir plus de liberté testamentaire.

Comment éviter d'être taxé trop lourdement par l'État au moment d'une succession ?

Lorsqu'on accepte un héritage, on doit s'acquitter des droits de succession, à moins d'être le conjoint survivant du défunt. Cela doit être fait au moment du dépôt de la déclaration de succession. Ces droits sont calculés sur la part d'héritage nette qui a été touchée – les éventuelles dettes du donateur doivent être remboursées avant que son argent puisse être partagé –, à laquelle des abattements sont ensuite éventuellement appliqués[1].

Le taux des droits de successions varie selon le lien de parenté avec le défunt. Plus ce lien est éloigné, plus les droits seront importants. Il est recommandé aux donateurs qui souhaitent éviter à leur proche de s'acquitter d'un tel pourcentage de procéder à des donations de leur vivant. Cependant, celles-ci influeront par la suite sur le calcul des droits de succession.

Peut-on évincer de l'héritage les enfants issus d'un précédent mariage ?

Le conjoint survivant d'une personne défunte a parfois de mauvais rapports avec ses beaux-enfants. Les conflits ont en effet tendance à s'envenimer en présence d'héritiers d'un précédent mariage. Pour citer à nouveau l'affaire

1. Article 777 du Code général des impôts.

Hallyday, on se souvient du litige entre David et Laura Smet d'un côté, et Laeticia Boudou (Smet) de l'autre.

Pourtant, sauf exception – par exemple en cas d'indignité successorale, une notion qui répond à des critères stricts[1] –, les enfants biologiques du défunt ne peuvent pas être déshérités : la réserve héréditaire leur revient, et ce, quel que soit le lit dont ils sont issus. Sur le plan juridique, rappelons-le, le conjoint survivant recevra alors automatiquement le quart de la propriété des biens, au lieu d'accéder à l'usufruit sur la totalité[2].

Le recours à l'assurance vie, en revanche, est une manière d'avantager le conjoint survivant au détriment des enfants, en le mentionnant comme unique bénéficiaire. De plus, certains droits lui reviennent exclusivement, comme le droit temporaire d'usage et d'habitation : si, au moment du décès, les conjoints occupaient à titre d'habitation principale un logement leur appartenant ou dépendant totalement de la succession, celui qui survit peut y résider une année supplémentaire gratuitement, en conservant pendant cette durée le mobilier qui s'y trouve[3]. Il reviendra ensuite à la succession de rembourser l'indemnité d'occupation du logement ou les éventuels loyers.

---

1. Articles 726 et 727 du Code civil. L'indignité successorale peut être facultative ou automatique. Par exemple, quelqu'un qui « est condamné, comme auteur ou complice, à une peine criminelle pour avoir volontairement donné ou tenté de donner la mort au défunt » est considéré comme étant indigne de façon automatique. Néanmoins, l'indignité, qu'elle soit automatique ou facultative, peut être écartée « lorsque le défunt, postérieurement aux faits et à la connaissance qu'il en a eue, a précisé, par une déclaration expresse de volonté en la forme testamentaire, qu'il entend maintenir [l'auteur des faits] dans ses droits héréditaires ou lui a fait une libéralité universelle ou à titre universel » (article 728 du Code civil).

2. Article 757 du Code civil.

3. Article 763 du Code civil.

Comment éviter de donner quoi que ce soit à sa moitié ?

Si certains veulent à tout prix s'assurer que leur conjoint sera à l'abri du besoin après leur décès, d'autres craignent au contraire d'être épousés pour leur patrimoine et, afin de se prémunir de toute union malhonnête, souhaitent clarifier qu'ils ne laisseront rien à leur moitié. Le Pacs est alors une alternative intéressante puisque les partenaires n'ont pas vocation à hériter l'un de l'autre tant que cela n'est pas prévu dans leur testament. Ce régime offre donc moins de sécurité d'un point de vue successoral. Un droit d'usage et d'habitation du logement dans lequel vivait le couple sera cependant accordé pour une durée d'un an ; quant aux donations, elles peuvent faire l'objet d'un abattement.

Dans le cas d'un concubinage, l'engagement est encore moindre : non seulement le concubin n'hérite de rien en l'absence de testament, mais les donations et éventuelles successions sont taxées à hauteur de 60 %. Ainsi, lorsqu'on souhaite éviter de laisser son argent à son concubin ou à son partenaire de Pacs, il suffit de ne rien prévoir !

Peut-on contester un testament ?

La contestation d'un testament n'est pas une affaire aussi rare qu'on pourrait le croire. Dans l'exercice de ma profession, j'ai accompagné à plusieurs reprises des personnes qui souhaitaient remettre en question les dernières volontés d'un proche décédé, car elles doutaient de l'authenticité du document. Certaines craignaient même qu'il ait été rédigé sous la contrainte.

Un testament peut revêtir plusieurs formes : il est authentique, mystique ou olographe. S'il est authentique, autrement dit rédigé avec l'aide d'un notaire, il sera *a priori* difficile de le remettre en cause. Dans le second cas, le document est rédigé par la personne elle-même – ou par un tiers – et conservé chez un notaire qui n'a pas connaissance de son contenu : il est alors contestable, par exemple s'il manque une mention obligatoire comme la date ou la signature. Enfin, lorsque le testament est olographe, cela signifie qu'il a été rédigé par la personne elle-même et conservé par elle, n'importe où : sa validité peut alors être questionnée.

L'insanité d'esprit est une cause de contestation du document. Il faut pour cela démontrer qu'au moment de la rédaction, l'auteur ne disposait pas de toutes ses facultés mentales et que son discernement était altéré. Le testament est également susceptible d'être remis en cause dans l'hypothèse où l'un des héritiers s'y trouve déshérité (c'est-à-dire quand sa réserve héréditaire lui est retirée), car il s'agit là d'une part irréductible des biens du défunt qui lui revient de droit. Enfin, en cas de vice du consentement, il est possible de faire annuler le document. Les trois types de vice du consentement sont l'erreur, le dol et la violence. Dans la première situation, le testateur se trompe de bonne foi : par exemple, il lègue un appartement à son fils aîné plutôt qu'au cadet sur une erreur de prénom. Le dol se produit lorsque quelqu'un manœuvre, de manière malhonnête (ou en faisant une rétention d'informations), pour toucher une part de l'héritage, en se faisant passer par exemple pour un cousin éloigné. Quant à la violence, elle désigne toute forme de pression ou de contrainte, physique ou morale, exercée à l'encontre du testataire.

Est-il vraiment nécessaire de rédiger un testament ?

Légalement, rien n'oblige à rédiger un testament. Certaines personnes très organisées tiennent à anticiper leur succession et à expliciter leurs dernières volontés afin que tout se passe selon leur souhait ; d'autres n'aiment pas qu'on leur rappelle qu'elles sont mortelles ! Cela dépend donc du tempérament de chacun… mais aussi du niveau de fortune, ainsi que du nombre d'héritiers. Plus le patrimoine que l'on possède est important et implique d'héritiers, plus la rédaction d'un testament est intéressante. Elle permet notamment de limiter les éventuels conflits relatifs à la succession. Une fois rédigé, le testament peut être modifié à souhait ; lorsqu'il en existe plusieurs versions valables et que celles-ci se contredisent, seule la plus récente sera prise en considération.

Investir dans son cercueil pour limiter les conflits

Des tensions peuvent apparaître entre les héritiers d'un défunt avant même que la succession ne soit ouverte, notamment au moment des funérailles : choix entre crémation et enterrement, financement, lieu et date de la cérémonie… En achetant à l'avance son propre cercueil et en précisant ses volontés, on peut anticiper ces désaccords et épargner à l'ensemble de la famille des scènes pénibles entre cohéritiers.

Il existe aujourd'hui des cercueils pour tous les budgets et toutes les préférences. Le marché des cercueils d'occasion reconditionnés se développe, et gagne en popularité auprès des familles les plus modestes qui souhaitent se séparer de leurs proches dans la dignité malgré leurs faibles ressources. Cela leur coûte alors entre 150 et 600 euros, contre plusieurs milliers d'euros pour un cercueil neuf[1]. Cette solution peu coûteuse est également à envisager pour ceux qui étaient en conflit ouvert avec leur parent décédé, mais se voient obligés de participer aux frais des obsèques… Il existe néanmoins un processus précis à respecter ; il convient donc de se tourner vers la municipalité de sa ville pour obtenir des renseignements.

Pourquoi engager un funeral planner, *et comment le choisir ?*

Lorsque quelqu'un décède, les pompes funèbres se chargent d'une partie des formalités, mais il n'est pas rare que les proches soient malgré tout submergés par les innombrables dispositions à prendre : prévenir les connaissances, choisir le cercueil et les fleurs… Tout s'organise souvent à la hâte, sans compter que la souffrance du deuil rend la situation plus pénible encore.

Un *funeral planner* peut alors intervenir et soulager les proches endeuillés de ce fardeau. Son rôle est de recueillir les volontés de l'entourage afin de se faire une première idée quant à la manière d'organiser les funérailles. Il contacte ensuite des prestataires et s'assure que la cérémonie ait lieu dans les meilleures conditions possibles. Il veille même à éconduire les personnes indésirables, s'il y en a[2] !

Naturellement, les *funeral planners* ont moins la cote que leurs homologues qui organisent des mariages. Pourtant, le

1. « Des enterrements *low cost*, avec des tombes d'occasion, c'est possible », *Le Parisien*, 30 octobre 2022.

2. « Obsèques : caveau, imprévus, invités indésirables… le *funeral planner* s'occupe de tout », *Le Parisien*, 30 octobre 2022.

fonctionnement est assez similaire. Les critères à prendre en compte, lorsque l'on fait appel à ce genre de prestataire, sont le coût, la réputation ou encore la proximité géographique. Le service attendu doit être explicité dans un contrat, ainsi que le prix : même dans l'urgence, il ne faut pas négliger cet aspect juridique. Cela peut paraître incongru, mais il est possible d'engager un *funeral planner* soi-même, de son vivant, afin de décharger ses proches et d'avoir l'esprit tranquille quant au fait que ses dernières volontés seront respectées.

Combien de temps dure une succession ?

Une succession peut durer plusieurs années, surtout lorsqu'elle est ralentie par des différends. Les complications surviennent généralement lorsqu'il y a un « effet surprise ». Au contraire, quand la succession a été bien anticipée, par exemple grâce à la rédaction d'un testament, les divergences entre les héritiers sont généralement plus faciles à résoudre. Les causes concrètes de blocage d'une succession sont multiples : l'un des héritiers fait de la rétention de documents, l'évaluation des biens est contestée, la validité du testament fait débat…

Les héritiers disposent de 4 mois à compter de l'ouverture de la succession pour se prononcer sur leur choix : accepter la succession, l'accepter à concurrence de l'actif net – ce qui signifie que l'on n'a pas à payer les dettes dont le montant est supérieur à la valeur des biens du défunt – ou la refuser[1]. Si l'un des cohéritiers ne s'exprime pas dans le délai imparti, les autres peuvent lui imposer de le faire en se tournant vers un avocat qui rédigera une

1. Article 771 du Code civil.

sommation d'opter, laquelle sera signifiée par un commissaire de justice. Une fois la sommation reçue, le destinataire dispose, sauf exception, d'un nouveau délai de 2 mois[1]. Sans réponse de sa part, il est réputé accepter purement et simplement la succession, c'est-à-dire l'actif et le passif – les biens et les dettes – à concurrence de sa part à hériter. Sous ces conditions, l'individu concerné sort en général assez rapidement du silence…

Bien entendu, face à une succession difficile, la première chose à faire est de chercher une issue amiable avec les autres héritiers, en envisageant une médiation. L'issue amiable sera en principe moins onéreuse et plus rapide que la voie judiciaire : celle-ci ne devrait être choisie qu'en dernier recours, car les délais seront alors fortement rallongés. Pour que le juge tranche les éventuels litiges, chaque héritier doit se rapprocher d'un avocat pour saisir le tribunal judiciaire compétent. À chaque stade de la procédure, une issue amiable peut continuer d'être recherchée.

1. Article 772 du Code civil.

SIXIÈME PARTIE

La santé

La notion de santé englobe naturellement la question de la maladie et des soins, mais ne s'y limite pas. Dans cette dernière partie, j'ai voulu évoquer plus largement le rapport que chacun de nous entretient avec son corps et la façon dont le droit éclaire cette relation.

Car le corps n'est pas seulement le lieu de l'intime et des sensations : traversé par des questionnements constants sur l'identité, le genre, l'apparence, influencé par les normes sociales, manipulé par des professionnels plus ou moins dignes de confiance, il est aussi, parfois, un lieu de conflit. Dans ces conditions, comment prendre soin de notre santé, et en quoi le droit nous y aide-t-il ?

1

La chirurgie esthétique

Médecine esthétique : qui est autorisé à pratiquer des injections ?

Seuls les médecins sont habilités à effectuer des injections de médecine esthétique, ainsi que les chirurgiens-dentistes sur certaines zones du visage. La démocratisation de ce type d'interventions est récente, c'est pourquoi il convient de rester particulièrement vigilant quant à la compétence du professionnel que l'on consulte. Les conséquences d'un « ratage » peuvent être désastreuses.

Récemment, des « professionnels » qui ne sont pas à proprement parler des médecins et ne possèdent pas de diplôme en la matière, par exemple des cosmétologues ou des esthéticiennes, voire des charlatans, ont commencé à développer des offres à prix cassés. Il s'agit généralement d'injections d'acide hyaluronique, et les risques en cas de non-respect des normes d'hygiène, de piqûre mal réalisée – par exemple, au milieu d'une artère – ou de mauvaise qualité du produit injecté sont considérables. Ces faux professionnels se constituent une clientèle par le biais des réseaux sociaux, Instagram en tête. Certains dispensent des « formations » au prix d'environ 1 000 euros pour devenir soi-même « injecteur », ce qui peut leur rapporter jusqu'à plusieurs dizaines de milliers d'euros par mois.

Si vous constatez que la personne qui vous a administré une injection n'est pas habilitée à le faire, commencez par consulter votre médecin et assurez-vous que cela n'a eu aucune conséquence grave. Vous pouvez ensuite porter plainte dans un commissariat ou une brigade de gendarmerie, ou effectuer une citation directe si vous avez l'identité du faux praticien. Conservez tous les échanges écrits que vous avez eus avec ce dernier et, en supposant que vous étiez accompagné par quelqu'un qui a été témoin des faits, n'hésitez pas à faire remplir à cette personne une attestation sur l'honneur. Des photographies prises avant et après l'intervention sont également utiles.

Sachez que de nombreux charlatans attirent des patients par le biais des réseaux sociaux ; cela doit constituer un premier signal d'alerte et vous mettre en garde. Un autre moyen de confondre les praticiens suspects est d'évaluer la qualité des lieux où l'on est reçu : s'ils sont peu adaptés à une intervention médicale – par exemple, le domicile de la personne qui va pratiquer l'injection, ou bien celui du patient, dans le cas où celle-ci propose de se déplacer –, la seule chose à faire est de fuir !

Ces *fake injectors* ciblent des personnes soucieuses de leur apparence et possédant de faibles ressources financières. Il s'agit parfois de mineur(e)s qui souhaitent avoir une bouche plus pulpeuse et qui contactent, sans l'avis ni l'accord de leurs parents, le premier « professionnel » trouvé sur Instagram. C'est ce qu'a fait la fille d'une personne que je représentais : par peur de la réaction de ses parents, elle a ensuite dissimulé les douleurs et les gonflements, jusqu'à ce que cela devienne insoutenable. Les conséquences ont été assez graves et une plainte a été déposée contre l'auteur des faits.

Même lorsque les victimes sont majeures, elles présentent souvent un dénominateur commun : la honte et la culpabilité d'avoir été bernées, ce qui les dissuade parfois d'intenter une action. Or on ne devrait jamais se sentir coupable d'être victime ! Si les faits sont avérés, l'auteur risque d'être condamné pour pratique illégale de la médecine et encourt une peine allant jusqu'à 2 ans d'emprisonnement et 30 000 euros d'amende[1].

Tatouages et piercings : qui peut les réaliser sans risque ?

Les tatouages et les piercings ne sont pas près de passer de mode : d'après une étude de l'Ifop, en 2010, 10 % de la population française majeure possédait au moins un tatouage ; en 2018, ce chiffre était de 18 %. Les tatoueurs et perceurs sont donc eux aussi de plus en plus nombreux. On compte aujourd'hui environ 5 000 salons de tatouage en France, contre moins de 50 dans les années 1980.

Il va sans dire qu'un tatouage ne devrait jamais être réalisé sur un coup de tête. Il existe des méthodes d'effaçage, mais elles sont coûteuses et le résultat n'est pas toujours très propre. De plus, dans certains métiers, en porter un peut poser des problèmes d'image. Un employeur n'a pas le droit d'écarter un candidat pour ce seul motif, mais en pratique, cela laisse parfois une mauvaise impression. Il est donc plus sûr d'intervenir sur des zones qui peuvent être facilement couvertes par des vêtements. Certains tatoueurs refusent d'ailleurs toute demande concernant le visage ou les mains.

---

1. Article L. 4161-5 du Code de la santé publique.

Cela peut paraître surprenant, mais il est possible de se tatouer ou de se percer soi-même, pour peu que l'on dispose du matériel adéquat. Il est également concevable de tatouer ou de percer un proche avec son consentement. Compte tenu du caractère difficilement réversible de ces opérations et des risques d'infection, cet accord doit de préférence être matérialisé par écrit. Il faut en outre se montrer très vigilant sur les produits utilisés et privilégier le matériel jetable, car il existe un risque de transmission de virus par le sang en cas d'utilisations successives.

L'idéal reste de se tourner vers un professionnel : c'est certes plus coûteux, mais beaucoup moins dangereux en termes de santé et de qualité du résultat. Les prix varient en fonction de l'emplacement géographique du salon, de la renommée du professionnel, de la taille s'il s'agit d'un tatouage, ainsi que de la zone d'intervention.

Bien entendu, les produits utilisés doivent être conformes à la législation en vigueur[1], qui figure dans le Code de la santé publique[2]. Il faut également s'assurer que le professionnel exerce une activité déclarée et qu'il a été formé aux règles d'hygiène. Ces critères s'appliquent également au « maquillage permanent » qui connaît un succès croissant.

En cas de tatouage mal réalisé, une action en justice sera recevable si le tatoueur n'a pas mis en œuvre son obligation d'information et de moyens.

1. Article L. 513-10-1 du Code de la santé publique.
2. Articles L. 513-10-1 à 10 et suivants du Code de la santé publique.

Les avis Google sont-ils un bon indicateur ?

La plupart des médecins possèdent aujourd'hui une page Google et sont donc faciles à trouver sur Internet. Il est dès lors possible pour les patients de leur laisser un avis ou un commentaire après une consultation, anonymement ou avec leur nom.

Le but des avis Google est de décrire la qualité du service de manière plus détaillée qu'avec une note globale, qui n'est pas un indicateur très fiable, à condition, bien sûr, de pouvoir juger de leur véracité : si un avis négatif est suivi de plusieurs avis positifs postés le même jour, il est probable qu'après un différend avec un patient, le professionnel concerné ait demandé à des amis de protéger sa réputation en ligne ! De la même façon, une succession d'avis négatifs dénonçant exactement les mêmes faits doit sembler suspecte, et cache vraisemblablement un seul individu mécontent ayant demandé à son entourage d'en rajouter une couche afin que son avis prenne plus d'ampleur.

Précisons que du côté du professionnel, la procédure pour faire supprimer des avis Google est complexe et que souvent, seuls les commentaires injurieux ou racistes sont supprimés. Quant aux médecins, il leur est difficile de se défendre en public face à un patient mécontent, car ils sont soumis au secret professionnel.

Un enfant mineur peut-il avoir recours à la chirurgie esthétique ?

Les réseaux sociaux proposent aujourd'hui des filtres très perfectionnés pour paraître « parfait » sur les photos et vidéos. Certains sont si bien réalisés qu'ils habituent les utilisateurs à une version modifiée de leur visage et mènent ainsi à un phénomène de banalisation de la chirurgie et de la médecine esthétiques, y compris auprès des mineurs.

Rappelons qu'une personne mineure ne peut avoir recours à la chirurgie esthétique qu'avec l'autorisation de ses parents, mais les chirurgiens sont libres de refuser. Ces derniers doivent tous deux donner leur accord, sauf si un seul des deux détient l'exercice de l'autorité parentale. Les mineurs émancipés sont, eux, libres de subir des interventions à partir de 16 ans.

Un médecin peut-il refuser de réaliser une opération de chirurgie esthétique ?

En vertu de ce que l'on nomme la « clause de conscience », un médecin est en droit de refuser de procéder à une opération, par exemple s'il juge que celle-ci est complètement injustifiée, voire dangereuse, ou si le patient a déjà reçu beaucoup d'actes de chirurgie sur la même zone. Dans ce dernier cas, le médecin considérera que la préoccupation de son patient n'est plus d'ordre esthétique mais implique éventuellement un trouble psychique. Malheureusement, il suffit bien souvent au patient d'aller frapper à la porte d'autres chirurgiens jusqu'à en trouver un, moins scrupuleux que les autres, qui acceptera de l'opérer.

La médecine esthétique est-elle remboursée par la Sécurité sociale ?

À la différence de la chirurgie réparatrice, qui intervient par exemple après un accident, la chirurgie esthétique n'est pas prise en charge par la Sécurité sociale. Ce point doit être clarifié par le praticien lors de la première entrevue. De plus, le tarif de la consultation dans le secteur privé est libre ; il faut donc être vigilant quant à la facture, dont le montant grimpe vite. Il est également conseillé de se renseigner auprès de sa mutuelle pour savoir si une partie de l'opération est prise en charge.

Les formalités et le délai de réflexion

Avant une opération de chirurgie esthétique, le professionnel de santé doit avertir le patient quant aux conditions de l'intervention, aux risques, aux conséquences et aux complications éventuelles. Cette obligation d'information est primordiale afin que le patient donne un consentement libre et éclairé, qui peut être rétracté à tout moment[1]. Le patient doit également être en mesure de poser toutes les questions qu'il souhaite… y compris s'il dispose déjà de connaissances médicales, par exemple s'il est lui-même médecin[2] !

La délivrance des informations importantes doit être accompagnée d'un devis. Entre la remise de ce devis et l'intervention à visée esthétique, un délai minimal de 15 jours est imposé. Pendant cette période, le médecin n'est pas autorisé à demander d'acompte ni le versement d'une quelconque somme, hormis les honoraires des consultations ayant déjà eu lieu[3].

Malheureusement, beaucoup de gens convaincus de vouloir se faire opérer n'écoutent que d'une oreille les

1. Article L. 1111-4 du Code de la santé publique.

2. Conseil d'État, 22 décembre 2017, conseil départemental de Gironde de l'ordre des médecins, n° 390709.

3. Article L. 6322-2 du Code de la santé publique.

mises en garde de leur chirurgien. Pire, certains signent l'intégralité des documents qui leur sont soumis sans même prendre le temps de les lire, et sans poser de questions ! Cela peut avoir des conséquences très sérieuses, notamment en ce qui concerne le coût de l'intervention.

J'ai par exemple eu écho de la situation d'une patiente qui connaissait bien son médecin, et qui avait obtenu de lui la possibilité de payer après l'opération de chirurgie esthétique. Très pressée d'en finir, elle avait signé tous les documents légaux sans les lire. Quelques semaines après l'intervention, le médecin lui a demandé de régler la prestation. Elle lui a indiqué qu'elle n'avait pas encore effectué les démarches auprès de sa mutuelle pour que les frais soient pris en charge. Le médecin lui a alors expliqué que les dépassements d'honoraires n'étaient pas remboursés… comme cela figurait dans les documents pourtant signés par elle. Cette femme n'a donc pas eu d'autre option que de payer plus de 6 000 euros.

Les tour operators *médicaux valent-ils le coup ?*

La chirurgie esthétique est souvent beaucoup moins onéreuse à l'étranger. Les opérateurs qui organisent ce « tourisme médical » promettent des résultats spectaculaires et un séjour fabuleux, photos idylliques à l'appui. Passer par leurs services ne dispense en aucun cas de se renseigner méticuleusement sur les qualifications des chirurgiens concernés, ni de prendre rendez-vous pour une consultation préliminaire afin de se faire une première idée.

Subir une opération à l'étranger plutôt qu'en France permet indéniablement de limiter les coûts… sauf en cas de complication médicale. Il arrive qu'un patient, de retour d'un séjour pour chirurgie esthétique, doive se tourner vers un médecin français afin de rattraper une erreur ou de recevoir des soins en urgence à la suite de l'échec d'une intervention. Cela engendre une dépense importante, sans compter les éventuels frais de justice lorsqu'une faute grave a été commise par le médecin étranger – la responsabilité de ce dernier sera en outre plus difficile à engager, puisque cela peut impliquer un élément d'extranéité[1].

Au contraire, se faire opérer en France offre généralement une garantie que les éventuelles complications seront prises en charge par le même médecin. Certains proposent même une sorte de « service après-vente » en effectuant gratuitement des retouches dans l'hypothèse où le résultat ne correspondrait pas à ce qui était attendu. Il est donc vivement conseillé de ne pas se faire opérer dans des conditions floues : mieux vaut payer plus cher que mettre sa santé en danger.

Chirurgie esthétique ratée : peut-on toucher des dommages-intérêts ?

La banalisation de la chirurgie esthétique a été fortement accélérée par la crise sanitaire. Si la majorité des interventions se passent bien, il ne faut pas oublier l'existence d'un réel aléa médical. Le résultat obtenu ne correspond pas toujours exactement au souhait initial du patient. Dans les cas les plus désastreux, il arrive que l'opération se solde par un échec complet.

Comme les autres médecins, les chirurgiens esthétiques sont soumis à une obligation de moyens et non de résultat. Ils doivent tout mettre en œuvre pour satisfaire leur patient, mais sans garantie d'y parvenir à 100 %.

1. Situation juridique qui implique plusieurs droits nationaux.

Néanmoins, il existe une jurisprudence selon laquelle les chirurgiens sont soumis plus précisément à ce que l'on appelle une obligation de moyens « renforcée ». Cela signifie qu'il est de leur devoir de veiller à ce que les éventuelles séquelles postopératoires ne soient pas plus dérangeantes que le défaut physique d'origine. On ne doit pas être plus mal loti qu'avant au sortir de leur cabinet !

Si l'on est déçu du résultat d'une intervention, voire que l'on constate un véritable « ratage », la première chose à faire est d'en parler avec son chirurgien. Dans le cas où celui-ci refuse de reconnaître le problème, que le recours qu'il propose n'est pas entièrement satisfaisant ou que l'on souhaite être réopéré par un autre chirurgien, il est légitime de réclamer un dédommagement. Le chirurgien peut accepter de rembourser tout ou partie du montant réglé par le patient ; à défaut, il restera l'issue contentieuse.

Pour obtenir réparation, il est nécessaire de rassembler tous les éléments de preuve à disposition : le document démontrant le consentement libre et éclairé du patient, des photographies prises avant et après l'intervention, le compte rendu postopératoire... En pratique, il convient de commencer par demander au chirurgien la transmission du dossier médical. Il faudra ensuite faire réaliser une expertise médicale par un autre professionnel de santé, afin d'évaluer précisément l'étendue du préjudice subi. Si la procédure est contentieuse, on doit en outre démontrer que le préjudice découle d'une faute commise par le chirurgien. Il peut arriver que la faute en question soit indépendante de la volonté de celui-ci : par exemple, si les produits utilisés étaient défectueux ou que le matériel fourni par la clinique n'était pas adapté, la responsabilité d'autres personnes pourrait être engagée.

Certains patients particulièrement mécontents affichent sur les réseaux sociaux le résultat de leur opération de chirurgie esthétique ratée, en mentionnant le nom du praticien. Plusieurs influenceuses très suivies ont procédé ainsi pour tenter d'obtenir réparation, mais aussi pour alerter leur communauté sur les risques de ce genre d'interventions. Il convient de rappeler que, comme tous les professionnels, les chirurgiens esthétiques commettent parfois des erreurs et ne peuvent pas toujours donner entière satisfaction à l'ensemble de leur patientèle. Révéler leur nom sur Internet représente donc une atteinte à leur réputation, même si l'on conçoit aisément le désarroi des personnes qui en arrivent à cette extrémité. Ces dernières considèrent souvent les réseaux sociaux comme leur ultime recours lorsqu'elles n'ont pas réussi à obtenir réparation. Il est néanmoins plus sage de se tourner vers la voie judiciaire afin d'être reconnu comme victime et d'être éventuellement indemnisé.

2

Le changement de sexe

Mon enfant veut changer de sexe

Certaines personnes estiment que le sexe biologique qui leur est assigné à la naissance ne correspond pas à la réalité de leur genre. Cette prise de conscience peut intervenir très tôt, chez des mineurs : les enfants et adolescents transgenres sont encore minoritaires en France, mais ce sujet est de plus en plus débattu.

L'inadéquation entre sexe biologique et identité vécue est désignée par le terme médical « dysphorie de genre ». Une majorité de médecins considèrent qu'en cas de dysphorie de genre chez un enfant, il convient de laisser celui-ci faire ce qu'il souhaite, notamment en matière d'habillement ou concernant la façon de se faire appeler. La transition « sociale » dépend souvent en grande partie des parents puisqu'ils sont, sauf exception, les titulaires de l'autorité parentale.

Néanmoins, la transition « physique » est beaucoup plus délicate. Elle implique d'administrer à l'enfant des bloqueurs de puberté et différentes hormones, procédés qui ne font pas l'unanimité dans la communauté médicale ; il est donc fortement recommandé aux parents de prendre plusieurs avis. Quant à la chirurgie de changement de sexe elle-même, elle n'intervient que lorsque l'enfant est majeur.

Les démarches administratives sont elles aussi à entreprendre à partir de 18 ans, sauf pour certaines, qui peuvent être effectuées plus tôt. Le changement de prénom, par exemple, concerne également les enfants mineurs, s'ils ont l'accord de leurs parents ou s'ils sont émancipés. Le consentement explicite de l'enfant lui-même sera requis s'il a plus de 13 ans[1]. Depuis peu, le Conseil d'État a validé, pour les mineurs transgenres, l'usage du prénom de leur choix à l'école[2] : cela ne revêt aucun caractère officiel, mais les élèves concernés peuvent ainsi se faire appeler au quotidien, dans leur classe ou sur les documents internes à l'établissement comme le carnet de correspondance, comme ils le souhaitent. Sur les diplômes, en revanche, seuls les prénoms inscrits à l'état civil seront mentionnés.

Je suis majeur et je souhaite changer de sexe : quelles sont les démarches juridiques ?

Toute personne majeure est libre de changer de sexe si elle ne présente pas de contre-indication médicale et que les conditions nécessaires sont réunies, mais le processus est généralement assez long. Les démarches juridiques, en revanche, sont désormais simplifiées et peuvent être effectuées dans la mairie du lieu de naissance ou de résidence.

Il est demandé aux personnes qui souhaitent officiellement changer de sexe de démontrer en quoi leur requête est fondée. Il leur faut alors expliquer que le sexe qui leur a été assigné à la naissance ne correspond pas à leur réalité sociale, en prouvant par exemple que les tiers les connaissent sous le sexe opposé, qu'elles se présentent ainsi...

1. Article 60 du Code civil.
2. Conseil d'État, 28 septembre 2022, n° 458403.

3

Les violences médicales

À partir de quand un geste n'est-il plus médical ?

Les violences médicales prennent aussi bien la forme d'agressions physiques pouvant aller jusqu'au viol que de propos discriminants, par exemple à caractère raciste ou sexiste. On considère qu'une remarque n'est plus à visée purement médicale dès lors qu'elle est porteuse d'un jugement, que cela concerne l'apparence, les origines ou encore la religion.

Les exemples de violences physiques ou verbales en milieu médical sont malheureusement nombreux, et commencent à être pointés du doigt. En 2018, à l'Hôpital américain de Neuilly-sur-Seine, une patiente, ancienne mannequin, a été droguée aux antihistaminiques et aux anxiolytiques à son insu par un infirmier, qu'il l'a ensuite violée. Peu après, il lui a adressé ce message : « Désolé ma belle. » L'enquête a permis d'établir que cet infirmier était récidiviste. Il a été condamné à une peine de 14 ans de réclusion criminelle, à une interdiction définitive d'exercer toute profession médicale et paramédicale, à un suivi sociojudiciaire pendant 5 ans et à une injonction de soins[1].

1. « Viol d'une patiente à l'Hôpital américain de Neuilly-sur-Seine », *Le Figaro*, 11 mai 2018.

Si vous subissez de la part d'un professionnel de santé un acte d'agression, ou tout autre geste déplacé pouvant être constitutif d'une infraction pénale, il convient d'alerter le conseil de l'ordre de la profession concernée. Un courrier sur papier libre suffit, mentionnant le nom, le prénom et l'adresse du médecin et décrivant précisément les faits. Parallèlement à ce signalement, vous pouvez intenter une action pénale pour que le professionnel réponde de ses agissements, en déposant plainte auprès de la police, de la gendarmerie ou directement auprès du procureur de la République du tribunal judiciaire du lieu où se sont déroulés les faits, par courrier.

4

La santé des plus jeunes

Quelle mutuelle choisir pour son enfant ?

Souscrire à une mutuelle n'est pas obligatoire mais, dans de nombreux cas, c'est fortement recommandé. Plusieurs paramètres sont à prendre en compte lors du choix de l'organisme : le prix mensuel, le périmètre des soins pris en charge… Certaines formules sont très intéressantes en cas d'hospitalisation, d'autres répondent à des demandes plus spécifiques concernant par exemple des frais de soins dentaires ou optiques. Si votre enfant a besoin de se faire poser des bagues, le coût sera probablement très élevé et il est conseillé d'utiliser un comparateur de mutuelles afin d'en souscrire une avant le début du traitement d'orthodontie.

Faut-il l'accord des deux parents pour emmener un enfant chez le médecin ?

Tout parent est libre d'emmener son enfant chez le médecin de son choix, sans l'autorisation de l'autre titulaire de l'autorité parentale. Il en va différemment si des actes médicaux importants doivent être pratiqués, par exemple une opération chirurgicale : dans ce cas, l'accord écrit des deux parents est requis. En cas de conflit, le parent le plus désireux de faire pratiquer l'intervention doit saisir le juge aux affaires familiales, qui tranchera dans le sens de l'intérêt de l'enfant.

Faut-il l'accord des deux parents pour faire vacciner son enfant mineur ?

La vaccination est considérée comme un acte médical usuel et ne nécessite donc pas toujours l'accord des deux parents. Cette notion d'« acte usuel » n'étant précisément définie dans aucun texte de loi, la jurisprudence estime qu'elle recouvre les interventions « sans gravité ». Le caractère obligatoire ou non de la vaccination est déterminant pour savoir si le consentement des deux titulaires de l'autorité parentale est requis avant l'injection, même s'il ne s'agit pas du seul critère pris en compte.

J'ai pu observer, dans l'exercice de ma profession, que le sujet de la vaccination était particulièrement sensible pour certains. Lorsque des parents sont séparés et ont des avis très divergents sur la question, cela donne parfois lieu à de violents conflits. Dans la mesure du possible, il est judicieux d'avoir recours à une médiation, mais aussi de respecter les volontés de chacun : si un parent a clairement exprimé son désaccord, l'autre doit en principe s'abstenir de faire administrer le vaccin à l'enfant, au moins jusqu'à ce qu'un terrain d'entente soit trouvé. En cas de difficulté, il convient de saisir le juge aux affaires familiales. S'agissant plus particulièrement de la Covid-19, le vaccin n'est pas obligatoire : il semble donc peu probable qu'un juge l'impose.

Peut-on forcer son enfant à maigrir ?

Il est possible, en vertu de l'autorité parentale, d'effectuer des choix pour son enfant mineur, y compris concernant sa santé et son alimentation. Techniquement, les parents peuvent donc « forcer » leur jeune enfant à maigrir – mais seulement pour des raisons médicales, et non dans un but esthétique. S'agissant des centres d'amaigrissement pour personnes obèses, un enfant n'y sera accueilli qu'avec l'accord de ses deux parents.

Peut-on contraindre son enfant à manger végane ou casher ?

Encore une fois, l'autorité parentale permet, en théorie, de nourrir son enfant comme on le souhaite. En ce qui concerne le régime alimentaire végane, mieux vaut consulter un pédiatre en amont afin de s'assurer qu'il n'y a pas de risques de carences ; l'alimentation casher ou hallal, si les deux parents s'entendent sur ce point, ne pose pas de difficulté.

En cas de désaccord, il faut saisir le juge aux affaires familiales ; celui-ci tranche, comme toujours, en fonction du seul intérêt de l'enfant. Lorsque ce dernier est en âge d'exprimer une opinion, il peut lui-même demander à être entendu s'il estime que ses parents ne prennent pas suffisamment son avis en compte.

Peut-on faire tatouer son enfant ou lui faire poser un piercing ?

En théorie, les titulaires de l'autorité parentale sont libres de demander un piercing ou un tatouage pour leur enfant. Cependant, il n'est pas dans l'intérêt de ce dernier de subir une intervention dont il ne comprend pas pleinement les effets. Il est donc plus sage d'attendre qu'il soit en âge de décider lui-même. Le perçage des lobes d'oreilles, au contraire, semble poser moins de problèmes ; beaucoup de bébés ont d'ailleurs les oreilles percées. L'accord des deux parents est quand même nécessaire.

5

Protéger ses aînés

Proposer à ses parents âgés d'exprimer leurs volontés grâce aux directives anticipées

Le but des directives anticipées est de faire connaître sa volonté en cas de maladie grave, ce qui permet d'éviter certains conflits intrafamiliaux. On se souvient par exemple de l'affaire Vincent Lambert, dans laquelle l'épouse et les parents du mourant étaient en désaccord quant à la question de poursuivre ou non les soins.

Des directives anticipées peuvent être rédigées par toute personne majeure mais, en pratique, ce sont surtout les personnes âgées qui y ont recours. Il existe des modèles en ligne, notamment sur le site service-public.fr ; il est également possible de les rédiger sur papier libre. Comme dans le cas d'un testament, l'auteur est libre de les réviser ou de les révoquer à tout moment[1].

Ces directives peuvent porter par exemple sur l'arrêt ou la limitation des traitements en cours à l'avenir, ou encore le refus de toute intervention chirurgicale future. Une fois rédigées, elles doivent être rendues accessibles au médecin traitant ou aux proches. Il convient donc

1. Articles L. 1111-1 et R. 1111-17 du Code de la santé publique.

d'informer les tiers concernés de leur lieu de conservation.

Précisons toutefois que ces directives ne s'appliquent pas en cas d'urgence vitale « pendant le temps nécessaire à une évaluation complète », ni lorsqu'elles sont « manifestement inappropriées ou non conformes à la situation médicale »[1].

Curatelle, tutelle : quelles sont les dérives, et comment les éviter ?

La tutelle et la curatelle sont des régimes qui ont pour but de protéger les intérêts d'une personne vulnérable ou dont les facultés sont altérées[2]. La curatelle est principalement un régime d'accompagnement et de soutien ; la tutelle est une mesure plus forte, mise en place pour des personnes en situation d'incapacité totale et permettant au tuteur d'effectuer à la place de celles-ci des démarches administratives et de gestion. Pour les actes très importants, par exemple les actes dits « de disposition » comme la vente d'un bien, l'autorisation du juge des tutelles est requise.

Le curateur ou tuteur de la personne protégée est généralement quelqu'un de sa famille, mais ce n'est pas toujours le cas. En situation de désaccord, ou si aucun des proches ne souhaite s'en charger, le juge des tutelles désigne une tierce personne. Celle-ci doit avoir un casier judiciaire vierge et être agréée par le procureur de la République, de manière à figurer sur une liste de postulants mise à jour chaque année.

En dépit de ces vérifications, il faut reconnaître qu'un tuteur disposant de très nombreuses prérogatives sur la

1. Article L. 1111-11 du Code de la santé publique.
2. Article 425 du Code civil.

vie de la personne protégée – il peut notamment gérer son argent –, les abus sont fréquents. Au cours de ma carrière, j'ai eu vent d'affaires où des tuteurs « se servaient dans les comptes », se montraient négligents en ne payant pas les factures ou en les payant très en retard, détournaient l'assurance vie de la personne protégée, faisaient obstacle à l'exercice de ses droits... Ces abus, pourtant nombreux, sont encore largement méconnus car les principales victimes ne sont pas en mesure de les dénoncer ni même de s'apercevoir du mauvais traitement qu'elles subissent. Si beaucoup de tuteurs sont consciencieux, d'autres le sont moins, et les régimes de protection présentent des zones d'ombre.

D'autres dérives concernent le processus de mise sous curatelle ou tutelle lui-même. Il peut arriver qu'une personne estime être en pleine possession de ses capacités mentales et physiques, mais que ses proches tentent de la placer sous tutelle. L'instauration d'un régime de protection se fait habituellement en plusieurs étapes et nécessite un certificat médical circonstancié établi par un médecin choisi sur une liste dressée par le procureur de la République[1]. Malheureusement, ces certificats médicaux sont parfois rédigés de façon un peu hâtive, le professionnel de santé n'ayant pas observé la personne concernée assez longtemps pour juger de son état. Celle-ci a alors le sentiment qu'on cherche à la mettre sous un régime de protection de façon injustifiée, afin de la dépouiller par exemple de ses biens[2]. En fin de compte, la décision de placer une personne sous un régime de protection revient au juge des tutelles.

1. Article 431 du Code civil.

2. Valérie Labrousse, *Les Dépossédés. Enquête sur la mafia des tutelles*, Paris, Éditions du Moment, 2014.

Si vous estimez que l'on veut vous placer sous curatelle ou sous tutelle alors que vous possédez toutes vos facultés, le premier réflexe à avoir est de demander un certificat médical, voire plusieurs, attestant de vos capacités. Il existe également des collectifs d'abus tutélaires auprès desquels vous pouvez solliciter de l'aide. Si vous êtes déjà sous régime de protection et que vous êtes victime d'abus, veillez à collecter des preuves. Cela fait, vous pouvez avertir le juge des tutelles pour demander la levée de la mesure de protection ou un changement de tuteur. La démarche est la même si vous constatez qu'un de vos proches sous tutelle est victime d'abus. Enfin, si vous observez également une infraction pénale comme un abus de confiance, de faiblesse ou une escroquerie, la solution est d'intenter une action en justice.

Ehpad ou soins à domicile : faut-il laisser ses parents dans un mouroir ?

Les mauvais traitements infligés aux résidents de nombreux Ehpad ont récemment été médiatisés et font l'objet d'enquêtes approfondies. En tant qu'avocate, je défends moi-même de nombreuses parties civiles contre des groupes comme Orpea et Korian, ce qui m'a amenée à m'intéresser de près à ce qui se joue dans ces établissements.

Bien entendu, personne ne met ses parents en Ehpad de gaîté de cœur. Néanmoins, lorsque c'est possible, il est préférable de les garder à domicile, tout en veillant à ce que des soins adéquats leur soient prodigués. Il est en effet très important pour une personne âgée de conserver ses repères. Si elle fait preuve de suffisamment d'autonomie, il n'est pas nécessaire d'avoir des auxiliaires de vie à plein temps : quelques heures par jour suffisent.

Certaines solutions intermédiaires moins connues méritent également d'être envisagées. C'est le cas des logements intergénérationnels, qui sont des structures fondées sur la solidarité où les personnes âgées vivent en autonomie, mais où des services d'aide et de soins peuvent être mis à disposition. Il s'agit d'une option pertinente car elle évite l'isolement, mais suppose d'avoir un certain degré d'autonomie.

Dois-je financer l'Ehpad de mes parents ?

Placer un proche en Ehpad coûte entre 2 000 et 12 000 euros par mois – un « luxe » que beaucoup de gens ne peuvent se permettre. En général, la première source de financement est la retraite de la personne elle-même. Si cela ne suffit pas, les enfants et éventuellement les petits-enfants sont mis à contribution, au nom de l'obligation alimentaire[1]. Beaucoup paient spontanément, mais il arrive que plusieurs d'entre eux refusent de participer, par exemple en cas de conflit préexistant. C'est alors au juge aux affaires familiales de statuer sur l'obligation alimentaire. En général, celui-ci impose à tous les enfants de payer en fonction de leurs ressources financières respectives.

Dans l'hypothèse où il n'y a pas de descendants, ou qu'aucun d'entre eux n'est solvable, la personne âgée qui a besoin d'une place en Ehpad peut solliciter une aide sociale, totale ou partielle, en fonction du montant de sa retraite. Cette demande doit être effectuée auprès du centre communal d'action sociale, dans la mairie de la commune de résidence. Il faut néanmoins s'assurer que l'établissement choisi est compatible avec ces aides.

1. Article 205 du Code civil.

Les Ehpad privés valent-ils mieux que les Ehpad publics ?

Lorsque placer un proche en Ehpad devient inévitable, l'entourage est souvent confronté à la question du type d'établissement : faut-il choisir une structure publique ou privée ?

Les Ehpad publics ont le mérite d'être moins onéreux ; en contrepartie, faute de moyens, le service est parfois minimal et les conditions d'accueil n'ont rien de luxueux. Les Ehpad privés, qui appartiennent à des groupes comme Orpea, Korian ou encore DomusVi, ont pour dénominateur commun de proposer des services de plus haute qualité. Dans leurs plaquettes ou sur leurs sites, l'accent est mis sur le marketing et la communication : vus de l'extérieur, ces établissements promettent donc un service ultrapersonnalisé, des activités quotidiennes pour les résidents, des aides-soignants présents à tout moment... Naturellement, le coût est très élevé. L'Ehpad Orpea situé à Neuilly-sur-Seine, « Les Bords de Seine », propose par exemple des chambres standards à environ 7 000 euros par mois, et d'autres, plus confortables, pouvant coûter jusqu'à 12 000 euros. À ces frais déjà exorbitants peut s'ajouter le prix d'éventuelles prestations complémentaires, comme la présence de « dames de compagnie ».

En 2020, lors du premier confinement lié à la pandémie de la Covid-19, plusieurs familles m'ont contactée pour me signaler des situations anormales dans des Ehpad du groupe Orpea. Elles étaient à la fois très mécontentes du service fourni et très inquiètes pour leur proche. À les en croire, le strict minimum n'était même pas assuré, en dépit des sommes faramineuses payées chaque mois : repas insuffisants et de mauvaise qualité, manque évident de personnel, gestion apocalyptique des mesures liées à la crise sanitaire, visites interdites… Des faits graves m'ont également été rapportés, par exemple le fait que l'entourage n'était pas systématiquement prévenu après une chute, que les résidents étaient parfois livrés à eux-mêmes toute la journée, ou encore que certains étaient retrouvés en état de déshydratation manifeste. Ces personnes ont réussi à changer leurs proches d'Ehpad, et l'idée a germé d'intenter ultérieurement une action contre le groupe.

En janvier 2022, le journaliste Victor Castanet a publié aux éditions Fayard un livre intitulé *Les Fossoyeurs*. Dans cette enquête, il a dénoncé avec courage les maltraitances infligées aux résidents de certains Ehpad, et les profits réalisés par des établissements privés au détriment de la santé et de la sécurité de leurs pensionnaires. En parallèle, contactée à nouveau par plusieurs familles révoltées de ces dérives au sein des établissements Orpea, j'ai décidé de lancer une « action collective » contre ce groupe pour que les choses évoluent enfin, après tant d'années d'inertie. Les familles étaient démunies et avaient, à juste titre, le sentiment de se heurter à un géant inattaquable.

Afin d'établir un rapport de force équitable et pour que l'action ait plus de poids, j'ai proposé aux personnes que je représente de rédiger des plaintes pénales individuelles et de les déposer le même jour. En droit pénal français, les actions de groupe ne sont pas autorisées mais mon idée était de contourner cette interdiction en produisant un effet de « plaintes en série ». Des enquêtes ont été ouvertes et sont, à ce jour, toujours en cours. Une action similaire a été intentée contre un autre leader du secteur, le groupe Korian. Un an après, il me semble que rien n'a changé chez Orpea, à la différence du groupe Korian qui a réagi prestement.

S'il est essentiel que justice soit faite et que les victimes soient dédommagées, il faut également regarder vers l'avenir, et les pouvoirs publics doivent prendre la mesure de la gravité de la situation pour que les choses évoluent radicalement. Une des propositions les plus fortes qui ont émergé du débat public autour du « troisième âge » serait d'instaurer des contrôles plus réguliers et sans notification préalable par les agences régionales de santé (ARS).

Comment se prémunir de la maltraitance dans les Ehpad ?

Le livre de Victor Castanet a eu sur le plan médiatique un effet boule de neige, alertant l'opinion publique sur les dérives observables dans certains Ehpad. Les témoignages et vidéos recensés font froid dans le dos[1]. Précisons que beaucoup de salariés d'Orpea ont eux aussi tenté, en interne, de dénoncer les dérives du groupe, trouvant anormal de devoir par exemple rationner les protections hygiéniques ou les petits déjeuners des résidents…

Si l'un de vos proches réside en Ehpad, soyez vigilant, d'autant plus que les personnes âgées sont très vulnérables. Leur rendre visite régulièrement les aide à se sentir moins seules, mais permet aussi de détecter immédiatement tout signe de maltraitance ou de négligence. En cas de doute, il est possible de placer une caméra dans la chambre d'Ehpad : à première vue, cela peut sembler une atteinte à la vie privée, mais si le procédé est proportionné par rapport à la gravité du mauvais traitement soupçonné, cela permet d'avoir des preuves et d'agir rapidement. Il y a quelques années, une femme a par exemple placé une caméra dans la chambre de sa mère, qui résidait dans un Ehpad à Arcueil, dans le Val-de-Marne. Elle avait trouvé des hématomes sur son visage et sur son corps. Quatre jours après avoir

1. Victor Castanet, *Les Fossoyeurs*, Paris, Fayard, 2022.

installé le dispositif, elle a visionné des images révoltantes – sa mère recevant des insultes de la part d'un membre du personnel, puis livrée à elle-même pendant quatre heures après s'être cassé la jambe en tombant de son lit… L'aide-soignant responsable de ces maltraitances a été condamné à 5 ans de prison, dont 3 fermes[1].

1. « Ehpad : pour prouver des maltraitances, la fille d'une pensionnaire avait caché une caméra dans la chambre de sa mère », francetvinfo.fr, 16 mars 2022.

Épilogue

Tout au long de cet ouvrage, je me suis attachée à démontrer que le droit n'est ni l'apanage d'une élite éduquée, ni la chasse gardée de ceux qui disposent de moyens financiers suffisants pour faire appel à un avocat. Au terme de votre lecture, j'espère que vous en êtes persuadé, et que l'outil juridique sera à l'avenir l'un de vos alliés fondamentaux dans la défense de vos intérêts.

Les menaces qui nous assaillent au quotidien sont multiples et touchent aussi bien notre carrière que nos relations familiales, ou encore notre santé. Parmi les innombrables personnes que j'ai reçues dans mon cabinet à ce jour, beaucoup m'ont fait part d'une inquiétude croissante quant au caractère de plus en plus dangereux du monde qui nous entoure, et quant à la nécessité, certes contraignante, d'être toujours sur ses gardes. Je leur ai toujours répondu avec conviction que le droit ne joue pas contre elles, mais pour elles ; et qu'une bonne information suffit à résoudre nombre de situations sérieuses ou simplement embarrassantes. J'ai exhorté chacune d'entre elles non seulement à maîtriser ses droits, mais à les exercer avec confiance, et je vous invite aujourd'hui à faire de même. Protégez-vous, et remportez la partie !

Bibliographie

Ouvrages

BACOT Valérie, *Tout le monde savait*, Paris, Fayard, 2021.

BITAN Zohra, *#JeSuisMila #JeSuisCharlie #NousSommesLaRépublique. 50 personnalités s'expriment sur la laïcité et la liberté d'expression*, Paris, Seramis, 2020.

CASTANET Victor, *Les Fossoyeurs. Révélations sur le système qui maltraite nos aînés*, Paris, Fayard, 2022.

DEYDIER Gabrielle, *On ne naît pas grosse*, Paris, Goutte d'Or, 2017.

GAGET Maxime, *Ma compagne, mon bourreau*, Paris, Michalon, 2015.

LABROUSSE Valérie, *Les Dépossédés. Enquête sur la mafia des tutelles*, Paris, Éditions du Moment, 2014.

LANGE Alexandra, *Acquittée. Je l'ai tué pour ne pas mourir*, Paris, Michel Lafon, 2012.

MILA, *Je suis le prix de votre liberté*, Paris, Grasset, 2021.

ROZENBLUM Johanna, *Pervers narcissiques. Comprendre l'emprise pour s'en libérer*, Paris, Alpen, 2022.

SAUVAGE Jacqueline, *Je voulais juste que ça s'arrête*, Paris, Fayard, 2017.

Textes de loi

Code civil

Article 16-7 :

« Toute convention portant sur la procréation ou la gestation pour le compte d'autrui est nulle. »

Article 60 :

« Toute personne peut demander à l'officier de l'état civil à changer de prénom. La demande est remise à l'officier de l'état civil du lieu de résidence ou du lieu où l'acte de naissance a été dressé. S'il s'agit d'un mineur, la demande est remise par son représentant légal. L'adjonction, la suppression ou la modification de l'ordre des prénoms peut également être demandée.

Si l'enfant est âgé de plus de treize ans, son consentement personnel est requis.

La décision de changement de prénom est inscrite sur le registre de l'état civil.

S'il estime que la demande ne revêt pas un intérêt légitime, en particulier lorsqu'elle est contraire à l'intérêt de l'enfant ou aux droits des tiers à voir protéger leur nom de famille, l'officier de l'état civil saisit sans délai le procureur de la République. Il en informe le demandeur. Si le procureur de la République s'oppose à ce changement, le demandeur, ou son représentant légal, peut alors saisir le juge aux affaires familiales. »

Article 61-3-1 :

« Toute personne majeure peut demander à l'officier de l'état civil de son lieu de résidence ou dépositaire de son acte de naissance son changement de nom en vue de porter l'un des noms prévus aux premier et dernier alinéas de l'article 311-21. Sans préjudice de l'article 61, ce choix ne peut être fait qu'une seule fois.

Toute personne qui justifie d'un nom inscrit sur le registre de l'état civil d'un autre État peut demander à l'officier de l'état civil dépositaire de son acte de naissance établi en France son changement de nom en vue de porter le nom acquis dans cet autre État. Lorsque la personne est mineure, la déclaration est effectuée conjointement par les deux parents exerçant l'autorité parentale ou par le parent exerçant seul l'autorité parentale, avec son consentement personnel si elle a plus de treize ans.

Le changement de nom est consigné par l'officier de l'état civil dans le registre de l'état civil en cours. Dans le cas prévu au premier alinéa du présent article, le changement de nom n'est consigné qu'après confirmation par l'intéressé devant l'officier de l'état civil, au plus tôt un mois après la réception de la demande.

En cas de difficultés, l'officier de l'état civil saisit le procureur de la République, qui peut s'opposer à la demande. En ce cas, l'intéressé en est avisé.

Saisi dans les mêmes conditions, le procureur de la République du lieu de naissance peut ordonner lui-même le changement de nom.

Le changement de nom acquis dans les conditions fixées au présent article s'étend de plein droit aux enfants du bénéficiaire lorsqu'ils ont moins de treize ans. Au-delà de cet âge, leur consentement est requis. »

Article 205 :

« Les enfants doivent des aliments à leurs père et mère ou autres ascendants qui sont dans le besoin. »

Article 271 :

« La prestation compensatoire est fixée selon les besoins de l'époux à qui elle est versée et les ressources de l'autre en tenant compte de la situation au moment du divorce et de l'évolution de celle-ci dans un avenir prévisible.

À cet effet, le juge prend en considération notamment :

— la durée du mariage ;
— l'âge et l'état de santé des époux ;
— leur qualification et leur situation professionnelles ;
— les conséquences des choix professionnels faits par l'un des époux pendant la vie commune pour l'éducation des enfants et du temps qu'il faudra encore y consacrer ou pour favoriser la carrière de son conjoint au détriment de la sienne ;
— le patrimoine estimé ou prévisible des époux, tant en capital qu'en revenu, après la liquidation du régime matrimonial ;
— leurs droits existants et prévisibles ;
— leur situation respective en matière de pensions de retraite en ayant estimé, autant qu'il est possible, la diminution des droits à retraite qui aura pu être causée, pour l'époux créancier de la prestation compensatoire, par les circonstances visées au sixième alinéa. »

Article 302 :

« La séparation de corps entraîne toujours séparation de biens.

En ce qui concerne les biens, la date à laquelle la séparation de corps produit ses effets est déterminée conformément aux dispositions des articles 262 à 262-2. »

Article 311-2 :

« La possession d'état doit être continue, paisible, publique et non équivoque. »

Article 311-24-2 :

« Toute personne majeure peut porter, à titre d'usage, l'un des noms prévus aux premier et dernier alinéas de l'article 311-21.

À l'égard des enfants mineurs, cette faculté est mise en œuvre par les deux parents exerçant l'autorité parentale ou par le parent exerçant seul l'autorité parentale.

En outre, le parent qui n'a pas transmis son nom de famille peut adjoindre celui-ci, à titre d'usage, au nom de l'enfant mineur. Cette adjonction se fait dans la limite du premier nom de famille de chacun des parents. Il en informe préalablement et en temps utile l'autre parent exerçant l'autorité parentale. Ce dernier peut, en cas de désaccord, saisir le juge aux affaires familiales, qui statue selon ce qu'exige l'intérêt de l'enfant.

Dans tous les cas, si l'enfant est âgé de plus de treize ans, son consentement personnel est requis. »

Article 312 :

« L'enfant conçu ou né pendant le mariage a pour père le mari. »

Article 343-1 :

« L'adoption peut être aussi demandée par toute personne âgée de plus de vingt-six ans.

Si l'adoptant est marié et non séparé de corps ou lié par un pacte civil de solidarité, le consentement de l'autre membre du couple est nécessaire à moins que celui-ci ne soit dans l'impossibilité de manifester sa volonté. »

Article 359 :

« L'adoption [plénière] est irrévocable. »

Article 368 :

« S'il est justifié de motifs graves, l'adoption [simple] peut être révoquée, lorsque l'adopté est majeur, à la demande de ce dernier ou de l'adoptant.

Lorsque l'adopté est mineur, la révocation de l'adoption ne peut être demandée que par le ministère public. »

Article 370-1 :

« L'adoption de l'enfant de l'autre membre du couple n'est pas subordonnée à une condition d'âge de l'adoptant. »

Article 370-1-1 :

« L'adoptant doit avoir dix ans de plus que l'enfant qu'il se propose d'adopter.

Toutefois, lorsque la différence d'âge est inférieure à celle que prévoit l'alinéa précédent, le tribunal peut prononcer l'adoption s'il existe de justes motifs. »

Article 370-1-3 :

« L'adoption plénière de l'enfant du conjoint, du partenaire lié par un pacte civil de solidarité ou du concubin est permise :

1° Lorsque l'enfant n'a de filiation légalement établie qu'à l'égard de ce conjoint, partenaire lié par un pacte civil de solidarité ou concubin ;

2° Lorsque l'enfant a fait l'objet d'une adoption plénière par ce seul conjoint, partenaire lié par un pacte civil de solidarité ou concubin et n'a de filiation établie qu'à son égard ;
3° Lorsque l'autre parent que le conjoint, partenaire lié par un pacte civil de solidarité ou concubin s'est vu retirer totalement l'autorité parentale ;
4° Lorsque l'autre parent que le conjoint, partenaire lié par un pacte civil de solidarité ou concubin est décédé et n'a pas laissé d'ascendants au premier degré ou lorsque ceux-ci se sont manifestement désintéressés de l'enfant. »

Article 370-1-6 :

« L'enfant précédemment adopté par une seule personne, en la forme simple ou plénière, peut l'être une seconde fois, par l'autre membre du couple, en la forme simple. »

Article 425 :

« Toute personne dans l'impossibilité de pourvoir seule à ses intérêts en raison d'une altération, médicalement constatée, soit de ses facultés mentales, soit de ses facultés corporelles de nature à empêcher l'expression de sa volonté peut bénéficier d'une mesure de protection juridique prévue au présent chapitre.

S'il n'en est disposé autrement, la mesure est destinée à la protection tant de la personne que des intérêts patrimoniaux de celle-ci. Elle peut toutefois être limitée expressément à l'une de ces deux missions. »

Article 431 :

« La demande est accompagnée, à peine d'irrecevabilité, d'un certificat circonstancié rédigé par un médecin choisi sur une liste établie par le procureur de la République. Ce médecin peut solliciter l'avis du médecin traitant de la personne qu'il y a lieu de protéger.

Le coût de ce certificat est fixé par décret en Conseil d'État.

Lorsque le procureur de la République est saisi par une personne autre que l'une de celles de l'entourage du majeur énumérées au premier alinéa de l'article 430, la requête transmise au juge des tutelles comporte en outre, à peine d'irrecevabilité, les informations dont cette personne dispose sur la situation sociale et pécuniaire de la personne qu'il y a lieu de protéger et l'évaluation de son autonomie ainsi que, le cas échéant, un bilan des actions personnalisées menées auprès d'elle. La nature et les modalités de recueil des informations sont définies par voie réglementaire. Le procureur de la République peut solliciter du tiers qui l'a saisi des informations complémentaires. »

Article 515-7 :

« Le pacte civil de solidarité se dissout par la mort de l'un des partenaires ou par le mariage des partenaires ou de l'un d'eux. En ce cas, la dissolution prend effet à la date de l'événement.

L'officier de l'état civil du lieu d'enregistrement du pacte civil de solidarité ou le notaire instrumentaire qui a procédé à l'enregistrement du pacte, informé du mariage ou du décès par l'officier de l'état civil compétent, enregistre la dissolution et fait procéder aux formalités de publicité.

Le pacte civil de solidarité se dissout également par déclaration conjointe des partenaires ou décision unilatérale de l'un d'eux.

Les partenaires qui décident de mettre fin d'un commun accord au pacte civil de solidarité remettent ou adressent à l'officier de l'état civil du lieu de son enregistrement ou au notaire instrumentaire qui a procédé à l'enregistrement du pacte une déclaration conjointe à cette fin.

Le partenaire qui décide de mettre fin au pacte civil de solidarité le fait signifier à l'autre. Une copie de cette signification est remise ou adressée à l'officier de l'état civil du lieu de son enregistrement ou au notaire instrumentaire qui a procédé à l'enregistrement du pacte.

L'officier de l'état civil ou le notaire enregistre la dissolution et fait procéder aux formalités de publicité.

La dissolution du pacte civil de solidarité prend effet, dans les rapports entre les partenaires, à la date de son enregistrement.

Elle est opposable aux tiers à partir du jour où les formalités de publicité ont été accomplies.

À l'étranger, les fonctions confiées par le présent article à l'officier de l'état civil sont assurées par les agents diplomatiques et consulaires français, qui procèdent ou font procéder également aux formalités prévues au sixième alinéa.

Les partenaires procèdent eux-mêmes à la liquidation des droits et obligations résultant pour eux du pacte civil de solidarité. À défaut d'accord, le juge statue sur les conséquences patrimoniales de la rupture, sans préjudice de la réparation du dommage éventuellement subi.

Sauf convention contraire, les créances dont les partenaires sont titulaires l'un envers l'autre sont évaluées selon les règles prévues à l'article 1469. Ces créances peuvent être compensées avec les avantages que leur titulaire a pu retirer de la vie commune, notamment en ne contribuant pas à hauteur de ses facultés aux dettes contractées pour les besoins de la vie courante. »

Article 515-4 :

« Les partenaires liés par un pacte civil de solidarité s'engagent à une vie commune, ainsi qu'à une aide matérielle et une assistance réciproques. Si les partenaires n'en disposent autrement, l'aide matérielle est proportionnelle à leurs facultés respectives.

Les partenaires sont tenus solidairement à l'égard des tiers des dettes contractées par l'un d'eux pour les besoins de la vie courante. Toutefois, cette solidarité n'a pas lieu pour les dépenses manifestement excessives. Elle n'a pas lieu non plus, s'ils n'ont été conclus du consentement des deux partenaires, pour les achats à tempérament ni pour les emprunts à moins que ces derniers ne portent sur des sommes modestes nécessaires aux besoins de la vie courante et que le montant cumulé de ces sommes, en cas de pluralité d'emprunts, ne soit pas manifestement excessif eu égard au train de vie du ménage. »

Article 515-8 :

« Le concubinage est une union de fait, caractérisée par une vie commune présentant un caractère de stabilité et de continuité, entre deux personnes, de sexe différent ou de même sexe, qui vivent en couple. »

Article 605 :

« L'usufruitier n'est tenu qu'aux réparations d'entretien.

Les grosses réparations demeurent à la charge du propriétaire, à moins qu'elles n'aient été occasionnées par le défaut de réparations d'entretien, depuis l'ouverture de l'usufruit ; auquel cas l'usufruitier en est aussi tenu. »

Article 726 :

« Sont indignes de succéder et, comme tels, exclus de la succession :

1° Celui qui est condamné, comme auteur ou complice, à une peine criminelle pour avoir volontairement donné ou tenté de donner la mort au défunt ;

2° Celui qui est condamné, comme auteur ou complice, à une peine criminelle pour avoir volontairement porté des coups ou commis des violences ou voies de fait ayant entraîné la mort du défunt sans intention de la donner. »

Article 727 :

« Peuvent être déclarés indignes de succéder :

1° Celui qui est condamné, comme auteur ou complice, à une peine correctionnelle pour avoir volontairement donné ou tenté de donner la mort au défunt ;

2° Celui qui est condamné, comme auteur ou complice, à une peine correctionnelle pour avoir volontairement commis des violences ayant entraîné la mort du défunt sans intention de la donner ;

2°bis Celui qui est condamné, comme auteur ou complice, à une peine criminelle ou correctionnelle pour avoir commis des tortures et actes de barbarie, des violences volontaires, un viol ou une agression sexuelle envers le défunt ;

3° Celui qui est condamné pour témoignage mensonger porté contre le défunt dans une procédure criminelle ;

4° Celui qui est condamné pour s'être volontairement abstenu d'empêcher soit un crime soit un délit contre l'intégrité corporelle du défunt d'où il est résulté la mort, alors qu'il pouvait le faire sans risque pour lui ou pour les tiers ;
5° Celui qui est condamné pour dénonciation calomnieuse contre le défunt lorsque, pour les faits dénoncés, une peine criminelle était encourue.

Peuvent également être déclarés indignes de succéder ceux qui ont commis les actes mentionnés aux 1° et 2° et à l'égard desquels, en raison de leur décès, l'action publique n'a pas pu être exercée ou s'est éteinte. »

Article 757 :

« Si l'époux prédécédé laisse des enfants ou descendants, le conjoint survivant recueille, à son choix, l'usufruit de la totalité des biens existants ou la propriété du quart des biens lorsque tous les enfants sont issus des deux époux et la propriété du quart en présence d'un ou plusieurs enfants qui ne sont pas issus des deux époux. »

Article 763 :

« Si, à l'époque du décès, le conjoint successible occupe effectivement, à titre d'habitation principale, un logement appartenant aux époux ou dépendant totalement de la succession, il a de plein droit, pendant une année, la jouissance gratuite de ce logement, ainsi que du mobilier, compris dans la succession, qui le garnit.

Si son habitation était assurée au moyen d'un bail à loyer ou d'un logement appartenant pour partie indivise au défunt, les loyers ou l'indemnité d'occupation lui en seront remboursés par la succession pendant l'année, au fur et à mesure de leur acquittement.

Les droits prévus au présent article sont réputés effets directs du mariage et non droits successoraux.

Le présent article est d'ordre public. »

Article 771 :

« L'héritier ne peut être contraint à opter avant l'expiration d'un délai de quatre mois à compter de l'ouverture de la succession.

À l'expiration de ce délai, il peut être sommé, par acte extrajudiciaire, de prendre parti à l'initiative d'un créancier de la succession, d'un cohéritier, d'un héritier de rang subséquent ou de l'État. »

Article 772 :

« Dans les deux mois qui suivent la sommation, l'héritier doit prendre parti ou solliciter un délai supplémentaire auprès du juge lorsqu'il n'a pas été en mesure de clôturer l'inventaire commencé ou lorsqu'il justifie d'autres motifs sérieux et légitimes. Ce délai est suspendu à compter de la demande de prorogation jusqu'à la décision du juge saisi.

À défaut d'avoir pris parti à l'expiration du délai de deux mois ou du délai supplémentaire accordé, l'héritier est réputé acceptant pur et simple. »

Article 815 :

« Nul ne peut être contraint à demeurer dans l'indivision et le partage peut toujours être provoqué, à moins qu'il n'y ait été sursis par jugement ou convention. »

Article 1359 :

« L'acte juridique portant sur une somme ou une valeur excédant un montant fixé par décret doit être prouvé par écrit sous signature privée ou authentique.

Il ne peut être prouvé outre ou contre un écrit établissant un acte juridique, même si la somme ou la valeur n'excède pas ce montant, que par un autre écrit sous signature privée ou authentique.

Celui dont la créance excède le seuil mentionné au premier alinéa ne peut pas être dispensé de la preuve par écrit en restreignant sa demande.

Il en est de même de celui dont la demande, même inférieure à ce montant, porte sur le solde ou sur une partie d'une créance supérieure à ce montant. »

Article 1402 :

« Tout bien, meuble ou immeuble, est réputé acquêt de communauté si l'on ne prouve qu'il est propre à l'un des époux par application d'une disposition de la loi.

Si le bien est de ceux qui ne portent pas en eux-mêmes preuve ou marque de leur origine, la propriété personnelle de l'époux, si elle est contestée, devra être établie par écrit. À défaut d'inventaire ou autre preuve préconstituée, le juge pourra prendre en considération tous écrits, notamment titres de famille, registres et papiers domestiques, ainsi que documents de banque et factures. Il pourra même admettre la preuve par témoignage ou présomption, s'il constate qu'un époux a été dans l'impossibilité matérielle ou morale de se procurer un écrit. »

Article 1751 :

« Le droit au bail du local, sans caractère professionnel ou commercial, qui sert effectivement à l'habitation de deux époux, quel que soit leur régime matrimonial et nonobstant toute convention contraire et même si le bail a été conclu avant le mariage, ou de deux partenaires liés par un pacte civil de solidarité, dès lors que les partenaires en font la demande conjointement, est réputé appartenir à l'un et à l'autre des époux ou partenaires liés par un pacte civil de solidarité.

En cas de divorce ou de séparation de corps, ce droit pourra être attribué, en considération des intérêts sociaux et familiaux en cause, par la juridiction saisie de la demande en divorce ou en séparation de corps, à l'un des époux, sous réserve des droits à récompense ou à indemnité au profit de l'autre époux.

En cas de décès d'un des époux ou d'un des partenaires liés par un pacte civil de solidarité, le conjoint ou le partenaire lié par un pacte civil de solidarité survivant cotitulaire du bail dispose d'un droit exclusif sur celui-ci sauf s'il y renonce expressément. »

Article 1972 :

« [La rente viagère] peut être constituée sur une ou plusieurs têtes. »

Article 1975 :

« Il en est de même du contrat par lequel la rente a été créée sur la tête d'une personne atteinte de la maladie dont elle est décédée dans les vingt jours de la date du contrat. »

Code de procédure civile

Article 1166 :

« La demande aux fins d'adoption est portée devant le tribunal judiciaire. Le tribunal compétent est :
— le tribunal du lieu où demeure le requérant lorsque celui-ci demeure en France ;
— le tribunal du lieu où demeure la personne dont l'adoption est demandée lorsque le requérant demeure à l'étranger ;
— le tribunal choisi en France par le requérant lorsque celui-ci et la personne dont l'adoption est demandée demeurent à l'étranger. »

Article 1168 :

« La demande est formée par requête.
Si la personne dont l'adoption est demandée a été recueillie au foyer du requérant avant l'âge de quinze ans, le requérant peut former lui-même la demande par simple requête adressée au procureur de la République, qui doit la transmettre au tribunal. »

Code pénal

Article 122-5 :

« N'est pas pénalement responsable la personne qui, devant une atteinte injustifiée envers elle-même ou autrui, accomplit, dans le même temps, un acte commandé par la nécessité de la légitime défense d'elle-même ou d'autrui, sauf s'il y a disproportion entre les moyens de défense employés et la gravité de l'atteinte.

N'est pas pénalement responsable la personne qui, pour interrompre l'exécution d'un crime ou d'un délit contre un bien, accomplit un acte de défense, autre qu'un homicide volontaire, lorsque cet acte est strictement nécessaire au but poursuivi dès lors que les moyens employés sont proportionnés à la gravité de l'infraction. »

Article 222-32 :

« L'exhibition sexuelle imposée à la vue d'autrui dans un lieu accessible aux regards du public est punie d'un an d'emprisonnement et de 15 000 euros d'amende.

Même en l'absence d'exposition d'une partie dénudée du corps, l'exhibition sexuelle est constituée si est imposée à la vue d'autrui, dans un lieu accessible aux regards du public, la commission explicite d'un acte sexuel, réel ou simulé.

Lorsque les faits sont commis au préjudice d'un mineur de quinze ans, les peines sont portées à deux ans d'emprisonnement et à 30 000 euros d'amende. »

Article 223-15-2 :

« Est puni de trois ans d'emprisonnement et de 375 000 euros d'amende l'abus frauduleux de l'état d'ignorance ou de la situation de faiblesse soit d'un mineur, soit d'une personne dont la particulière vulnérabilité, due à son âge, à une maladie, à une infirmité, à une déficience physique ou psychique ou à un état de grossesse, est apparente ou connue de son auteur, soit d'une personne en état de sujétion psychologique ou physique résultant de l'exercice de pressions graves ou réitérées ou de techniques propres à altérer son jugement, pour conduire ce mineur ou cette personne à un acte ou à une abstention qui lui sont gravement préjudiciables.

Lorsque l'infraction est commise par le dirigeant de fait ou de droit d'un groupement qui poursuit des activités ayant pour but ou pour effet de créer, de maintenir ou d'exploiter la sujétion psychologique ou physique des personnes qui participent à ces activités, les peines sont portées à cinq ans d'emprisonnement et à 750 000 euros d'amende. »

Article 226-4-2 :

« Le fait de forcer un tiers à quitter le lieu qu'il habite sans avoir obtenu le concours de l'État dans les conditions prévues à l'article L. 153-1 du code des procédures civiles d'exécution, à l'aide de manœuvres, menaces, voies de fait ou contraintes, est puni de trois ans d'emprisonnement et de 30 000 euros d'amende. »

Article 226-14 :

« L'article 226-13 n'est pas applicable dans les cas où la loi impose ou autorise la révélation du secret. En outre, il n'est pas applicable :

1° À celui qui informe les autorités judiciaires, médicales ou administratives de privations ou de sévices, y compris lorsqu'il s'agit d'atteintes sexuelles dont il a eu connaissance et qui ont été infligés à un mineur de quinze ans ou à une personne qui n'est pas en mesure de se protéger en raison de son âge ou de son état physique ou psychique ;

2° Au médecin qui, avec l'accord de la victime, porte à la connaissance du procureur de la République les sévices qu'il a constatés dans l'exercice de sa profession et qui lui permettent de présumer que des violences sexuelles de toute nature ont été commises. »

Article 227-3 :

« Le fait, pour une personne, de ne pas exécuter une décision judiciaire ou l'un des titres mentionnés aux 2° à 6° du I de l'article 373-2-2 du code civil lui imposant de verser au profit d'un enfant mineur, d'un descendant, d'un ascendant ou du conjoint une pension, une contribution, des subsides ou des prestations de toute nature dues en raison de l'une des obligations familiales prévues par le code civil, en demeurant plus de deux mois sans s'acquitter intégralement de cette obligation, est puni de deux ans d'emprisonnement et de 15 000 euros d'amende.

Lorsque l'intermédiation financière des pensions alimentaires est mise en œuvre dans les conditions prévues aux II à IV de l'article 373-2-2 du code civil et à l'article L. 582-1 du code de la Sécurité sociale, le fait pour le parent débiteur de demeurer plus de deux mois sans s'acquitter intégralement des sommes dues entre les mains de l'organisme débiteur des prestations familiales assurant l'intermédiation est puni des mêmes peines. »

Article 227-6 :

« Le fait, pour une personne qui transfère son domicile en un autre lieu, alors que ses enfants résident habituellement chez elle, de ne pas notifier son changement de domicile, dans un délai d'un mois à compter de ce changement, à ceux qui peuvent exercer à l'égard des enfants un droit de visite ou d'hébergement en vertu d'un jugement, d'une convention judiciairement homologuée ou d'une convention prévue à l'article 229-1 du code civil, est puni de 6 mois d'emprisonnement et de 7 500 euros d'amende. »

Article 311-12 :

« Ne peut donner lieu à des poursuites pénales le vol commis par une personne :

1° Au préjudice de son ascendant ou de son descendant ;

2° Au préjudice de son conjoint, sauf lorsque les époux sont séparés de corps ou autorisés à résider séparément.

Le présent article n'est pas applicable :

a) Lorsque le vol porte sur des objets ou des documents indispensables à la vie quotidienne de la victime, tels que des documents d'identité, relatifs au titre de séjour ou de résidence d'un étranger, ou des moyens de paiement ou de télécommunication ;

b) Lorsque l'auteur des faits est le tuteur, le curateur, le mandataire spécial désigné dans le cadre d'une sauvegarde de justice, la personne habilitée dans le cadre d'une habilitation familiale ou le mandataire exécutant un mandat de protection future de la victime. »

Article 313-1 :

« L'escroquerie est le fait, soit par l'usage d'un faux nom ou d'une fausse qualité, soit par l'abus d'une qualité vraie, soit par l'emploi de manœuvres frauduleuses, de tromper une personne physique ou morale et de la déterminer ainsi, à son préjudice ou au préjudice d'un tiers, à remettre des fonds, des valeurs ou un bien quelconque, à fournir un service ou à consentir un acte opérant obligation ou décharge.

L'escroquerie est punie de cinq ans d'emprisonnement et de 375 000 euros d'amende. »

Article 314-1 :

« L'abus de confiance est le fait par une personne de détourner, au préjudice d'autrui, des fonds, des valeurs ou un bien quelconque qui lui ont été remis et qu'elle a acceptés à charge de les rendre, de les représenter ou d'en faire un usage déterminé.

L'abus de confiance est puni de cinq ans d'emprisonnement et de 375 000 euros d'amende. »

Article 434-3 :

« Le fait, pour quiconque ayant connaissance de privations, de mauvais traitements ou d'agressions ou atteintes sexuelles infligés à un mineur ou à une personne qui n'est pas en mesure de se protéger en raison de son âge, d'une maladie, d'une infirmité, d'une déficience physique ou psychique ou d'un état de grossesse, de ne pas en informer les autorités judiciaires ou administratives ou de continuer à ne pas informer ces autorités tant que ces infractions n'ont pas cessé est puni de trois ans d'emprisonnement et de 45 000 euros d'amende.

Lorsque le défaut d'information concerne une infraction mentionnée au premier alinéa commise sur un mineur de quinze ans, les peines sont portées à cinq ans d'emprisonnement et 75 000 euros d'amende.

Sauf lorsque la loi en dispose autrement, sont exceptées des dispositions qui précèdent les personnes astreintes au secret dans les conditions prévues par l'article 226-13. »

Article 441-1 :

« Constitue un faux toute altération frauduleuse de la vérité, de nature à causer un préjudice et accomplie par quelque moyen que ce soit, dans un écrit ou tout autre support d'expression de la pensée qui a pour objet ou qui peut avoir pour effet d'établir la preuve d'un droit ou d'un fait ayant des conséquences juridiques.

Le faux et l'usage de faux sont punis de trois ans d'emprisonnement et de 45 000 euros d'amende. »

Code de procédure pénale

Article R. 24-19 :

« La mesure d'interdiction de rapprochement assortie de l'obligation de porter un bracelet électronique anti-rapprochement est ordonnée pour une durée qui ne peut excéder 6 mois. Elle peut être prolongée pour une même durée selon les modalités prévues aux quatre premiers alinéas de l'article R. 24-14 et si la condition prévue par le premier alinéa de l'article R. 24-15 est toujours remplie, sans que sa durée totale dépasse deux ans.

Lorsque la personne renvoyée devant le tribunal correctionnel ou la cour d'assises est maintenue ou demeure sous contrôle judiciaire conformément aux articles 179 et 181, ou que le placement sous contrôle judiciaire a été ordonné en application des articles 394, 396, 397-1-1 ou 397-3, la durée totale de la mesure, compte tenu s'il y a lieu de celle exécutée au cours de l'instruction, ne peut excéder deux ans, sans qu'il soit nécessaire d'en ordonner la prolongation tous les six mois et sous réserve de la possibilité pour l'intéressé d'en demander la mainlevée. »

Article R. 24-20 :

La personne placée sous contrôle judiciaire avec interdiction de se rapprocher de la victime et port d'un bracelet antirapprochement est avisée des informations suivantes :

1° La pose du bracelet comportant un émetteur prévu à l'article 138-3 ne peut être effectuée sans son consentement, mais le fait de la refuser constitue une violation de ses obligations pouvant donner lieu à la révocation de son contrôle judiciaire et à son placement en détention provisoire ;

2° La méconnaissance de la distance de pré-alerte donne lieu à un contact par les personnes habilitées chargées du contrôle à distance l'avertissant de son rapprochement de la victime et du risque de méconnaissance de la distance d'alerte ; cette méconnaissance ne peut en aucun cas donner lieu à révocation du contrôle judiciaire ;

3° Le fait de se rapprocher volontairement de la victime, ou de provoquer son rapprochement, en méconnaissance de la distance d'alerte constitue une violation de l'interdiction qui lui est faite pouvant donner lieu à la révocation de son contrôle judiciaire et à son placement en détention provisoire ;

4° En cas de nécessité, les personnes habilitées chargées du contrôle à distance du dispositif électronique mobile antirapprochement prennent l'attache de la personne protégée pour assurer sa mise en sécurité et, selon le besoin et les procédures établies, alertent les forces de police et de gendarmerie, afin d'assurer sa protection ;

5° Le fait, par la personne porteuse d'un bracelet antirapprochement, de ne pas s'assurer du rechargement périodique du dispositif, afin de garantir son fonctionnement à tout moment, constitue une violation des obligations auxquelles elle est astreinte pouvant donner lieu à la révocation de son contrôle judiciaire et à son placement en détention provisoire. »

Article 41-3-1 :

« En cas de grave danger menaçant une personne victime de violences de la part de son conjoint, de son concubin ou de son partenaire lié par un pacte civil de solidarité, le procureur de la République peut attribuer à la victime, pour une durée renouvelable de 6 mois et si elle y consent expressément, un dispositif de téléprotection lui permettant d'alerter les autorités publiques. L'attribution peut être sollicitée par tout moyen. Avec l'accord de la victime, ce dispositif peut, le cas échéant, permettre sa géolocalisation au moment où elle déclenche l'alerte.

Le dispositif de téléprotection ne peut être attribué qu'en l'absence de cohabitation entre la victime et l'auteur des violences et :

1° Soit lorsque ce dernier a fait l'objet d'une interdiction judiciaire d'entrer en contact avec la victime dans le cadre d'une ordonnance de protection, d'une alternative aux poursuites, d'une composition pénale, d'un contrôle judiciaire, d'une assignation à résidence sous surveillance électronique, d'une condamnation, d'un aménagement de peine ou d'une mesure de sûreté ;

2° Soit en cas de danger avéré et imminent, lorsque l'auteur des violences est en fuite ou n'a pas encore pu être interpellé ou lorsque l'interdiction judiciaire d'entrer en contact avec la victime dans l'un des cadres prévus au 1° n'a pas encore été prononcée.

Le présent article est également applicable lorsque les violences ont été commises par un ancien conjoint ou concubin de la victime, ou par une personne ayant été liée à elle par un pacte civil de solidarité, ainsi qu'en cas de grave danger menaçant une personne victime de viol. »

Code de la santé publique

Article L. 1111-4 :

« Toute personne prend, avec le professionnel de santé et compte tenu des informations et des préconisations qu'il lui fournit, les décisions concernant sa santé.

Toute personne a le droit de refuser ou de ne pas recevoir un traitement. Le suivi du malade reste cependant assuré par le médecin, notamment son accompagnement palliatif.

Le médecin a l'obligation de respecter la volonté de la personne après l'avoir informée des conséquences de ses choix et de leur gravité. Si, par sa volonté de refuser ou d'interrompre tout traitement, la personne met sa vie en danger, elle doit réitérer sa décision dans un délai raisonnable. Elle peut faire appel à un autre membre du corps médical. L'ensemble de la procédure est inscrite dans le dossier médical du patient. Le médecin sauvegarde la dignité du mourant et assure la qualité de sa fin de vie en dispensant les soins palliatifs mentionnés à l'article L. 1110-10.

Aucun acte médical ni aucun traitement ne peut être pratiqué sans le consentement libre et éclairé de la personne et ce consentement peut être retiré à tout moment.

Lorsque la personne est hors d'état d'exprimer sa volonté, aucune intervention ou investigation ne peut être réalisée, sauf urgence ou impossibilité, sans que la personne de confiance prévue à l'article L. 1111-6, ou la famille, ou à défaut, un de ses proches ait été consulté.

Lorsque la personne est hors d'état d'exprimer sa volonté, la limitation ou l'arrêt de traitement susceptible d'entraîner son décès ne peut être réalisé sans avoir respecté la procédure collégiale mentionnée à l'article L. 1110-5-1 et les directives anticipées ou, à défaut, sans que la personne de confiance prévue à l'article L. 1111-6 ou, à défaut la famille ou les proches, aient été consultés. La décision motivée de limitation ou d'arrêt de traitement est inscrite dans le dossier médical.

Le consentement, mentionné au quatrième alinéa du mineur, le cas échéant sous tutelle doit être systématiquement recherché s'il est apte à exprimer sa volonté et à participer à la décision.

Le consentement, mentionné au quatrième alinéa, de la personne majeure faisant l'objet d'une mesure de protection juridique avec représentation relative à la personne doit être obtenu si elle est apte à exprimer sa volonté, au besoin avec l'assistance de la personne chargée de sa protection. Lorsque cette condition n'est pas remplie, il appartient à la personne chargée de la mesure de protection juridique avec représentation relative à la personne de donner son autorisation en tenant compte de l'avis exprimé par la personne protégée. Sauf urgence, en cas de désaccord entre le majeur protégé et la personne chargée de sa protection, le juge autorise l'un ou l'autre à prendre la décision.

Dans le cas où le refus d'un traitement par la personne titulaire de l'autorité parentale ou par le tuteur si le patient est un mineur, ou par la personne chargée de la mesure de protection juridique s'il s'agit d'un majeur faisant l'objet d'une mesure de protection juridique avec représentation relative à la personne, risque d'entraîner des conséquences graves pour la santé du mineur ou du majeur protégé, le médecin délivre les soins indispensables.

L'examen d'une personne malade dans le cadre d'un enseignement clinique requiert son consentement préalable. Les étudiants qui reçoivent cet enseignement doivent être au préalable informés de la nécessité de respecter les droits des malades énoncés au présent titre.

Les dispositions du présent article s'appliquent sans préjudice des dispositions particulières relatives au consentement de la personne pour certaines catégories de soins ou d'interventions. »

Article L. 1111-11 :

« Toute personne majeure peut rédiger des directives anticipées pour le cas où elle serait un jour hors d'état d'exprimer sa volonté. Ces directives anticipées expriment la volonté de la personne relative à sa fin de vie en ce qui concerne les conditions de la poursuite, de la limitation, de l'arrêt ou du refus de traitement ou d'acte médicaux.

À tout moment et par tout moyen, elles sont révisables et révocables. Elles peuvent être rédigées conformément à un modèle dont le contenu est fixé par décret en Conseil d'État pris après avis de la Haute Autorité de santé. Ce modèle prévoit la situation de la personne selon qu'elle se sait ou non atteinte d'une affection grave au moment où elle les rédige.

Les directives anticipées s'imposent au médecin pour toute décision d'investigation, d'intervention ou de traitement, sauf en cas d'urgence vitale pendant le temps nécessaire à une évaluation complète de la situation et lorsque les directives anticipées apparaissent manifestement inappropriées ou non conformes à la situation médicale.

La décision de refus d'application des directives anticipées, jugées par le médecin manifestement inappropriées ou non conformes à la situation médicale du patient, est prise à l'issue d'une procédure collégiale définie par voie réglementaire et est inscrite au dossier médical. Elle est portée à la connaissance de la personne de confiance désignée par le patient ou, à défaut, de la famille ou des proches.

Un décret en Conseil d'État, pris après avis de la Commission nationale de l'informatique et des libertés, définit les conditions d'information des patients et les conditions de validité, de confidentialité et de conservation des directives anticipées. Les directives anticipées sont notamment conservées sur un registre national faisant l'objet d'un traitement automatisé dans le respect de la loi n° 78-17 du 6 janvier 1978 relative à l'informatique, aux fichiers et aux libertés. Lorsqu'elles sont conservées dans ce registre, un rappel de leur existence est régulièrement adressé à leur auteur.

Le médecin traitant informe ses patients de la possibilité et des conditions de rédaction de directives anticipées.

Lorsqu'une personne fait l'objet d'une mesure de tutelle, au sens du chapitre II du titre XI du livre Ier du code civil, elle peut rédiger des directives anticipées avec l'autorisation du juge ou du conseil de famille s'il a été constitué. Le tuteur ne peut ni l'assister ni la représenter à cette occasion. »

Article L. 4161-5 :

« L'exercice illégal de la profession de médecin, de chirurgien-dentiste ou de sage-femme est puni de deux ans d'emprisonnement et de 30 000 euros d'amende.

Les personnes physiques encourent également les peines complémentaires suivantes :

a) L'affichage ou la diffusion de la décision prononcée, dans les conditions prévues par l'article 131-35 du code pénal ;
b) La confiscation de la chose qui a servi ou était destinée à commettre l'infraction ou de la chose qui en est le produit, conformément à l'article 131-21 du code pénal ;
c) L'interdiction définitive ou pour une durée de cinq ans au plus d'exercer une ou plusieurs professions régies par le présent code ou toute autre activité professionnelle ou sociale à l'occasion de l'exercice de laquelle l'infraction a été commise, suivant les modalités prévues par l'article 131-27 du code pénal ;
d) L'interdiction d'exercer pour une durée de cinq ans l'activité de prestataire de formation professionnelle continue au sens de l'article 6313-1 du code du travail.

Le fait d'exercer l'une de ces activités malgré une décision judiciaire d'interdiction définitive ou temporaire est puni des mêmes peines. »

Article L. 6322-2 :

« Pour toute prestation de chirurgie esthétique, la personne concernée, et, s'il y a lieu, son représentant légal, doivent être informés par le praticien responsable des conditions de l'intervention, des risques et des éventuelles conséquences et complications. Cette information est accompagnée de la remise d'un devis détaillé. Un délai minimum doit être respecté par le praticien entre la remise de ce devis et l'intervention éventuelle. Pendant cette période, il ne peut être exigé ou obtenu de la personne concernée une contrepartie quelconque ni aucun engagement à l'exception des honoraires afférents aux consultations préalables à l'intervention. »

Article R. 1111-17 :

« Les directives anticipées mentionnées à l'article L. 1111-11 s'entendent d'un document écrit, daté et signé par leur auteur, majeur, dûment identifié par l'indication de ses nom, prénom, date et lieu de naissance. La personne majeure faisant l'objet d'une mesure de protection juridique avec représentation relative à la personne peut rédiger des directives anticipées avec l'autorisation du juge ou du conseil de famille s'il a été constitué.

Toutefois lorsque l'auteur de ces directives, bien qu'en état d'exprimer sa volonté, est dans l'impossibilité d'écrire et de signer lui-même le document, il peut demander à deux témoins, dont la personne de confiance lorsqu'elle est désignée en application de l'article L. 1111-6, d'attester que le document qu'il n'a pu rédiger lui-même est l'expression de sa volonté libre et éclairée. Ces témoins indiquent leur nom et qualité et leur attestation est jointe aux directives anticipées.

Les directives anticipées peuvent être, à tout moment, soit révisées, soit révoquées. Elles sont révisées selon les mêmes modalités que celles prévues au premier alinéa pour leur élaboration. En présence de plusieurs écrits répondant aux conditions de validité, le document le plus récent l'emporte. »

Code du travail

Article L. 1221-6 :

« Les informations demandées, sous quelque forme que ce soit, au candidat à un emploi ne peuvent avoir comme finalité que d'apprécier sa capacité à occuper l'emploi proposé ou ses aptitudes professionnelles.

Ces informations doivent présenter un lien direct et nécessaire avec l'emploi proposé ou avec l'évaluation des aptitudes professionnelles.

Le candidat est tenu de répondre de bonne foi à ces demandes d'informations. »

Article L. 1225-1 :

« L'employeur ne doit pas prendre en considération l'état de grossesse d'une femme pour refuser de l'embaucher, pour rompre son contrat de travail au cours d'une période d'essai ou, sous réserve d'une affectation temporaire réalisée dans le cadre des dispositions des articles L. 1225-7, L. 1225-9 et L. 1225-12, pour prononcer une mutation d'emploi.

Il lui est en conséquence interdit de rechercher ou de faire rechercher toutes informations concernant l'état de grossesse de l'intéressée. »

Article L. 1225-2 :

« La femme candidate à un emploi ou salariée n'est pas tenue de révéler son état de grossesse, sauf lorsqu'elle demande le bénéfice des dispositions légales relatives à la protection de la femme enceinte. »

Article L. 1225-4 :

« Aucun employeur ne peut rompre le contrat de travail d'une salariée lorsqu'elle est en état de grossesse médicalement constaté, pendant l'intégralité des périodes de suspension du contrat de travail auxquelles elle a droit au titre du congé de maternité, qu'elle use ou non de ce droit, et au titre des congés payés pris immédiatement après le congé de maternité ainsi que pendant les dix semaines suivant l'expiration de ces périodes.

Toutefois, l'employeur peut rompre le contrat s'il justifie d'une faute grave de l'intéressée, non liée à l'état de grossesse, ou de son impossibilité de maintenir ce contrat pour un motif étranger à la grossesse ou à l'accouchement. Dans ce cas, la rupture du contrat de travail ne peut prendre effet ou être notifiée pendant les périodes de suspension du contrat de travail mentionnées au premier alinéa. »

Article L. 1225-4-1 :

« Aucun employeur ne peut rompre le contrat de travail d'un salarié pendant les dix semaines suivant la naissance de son enfant.

Toutefois, l'employeur peut rompre le contrat s'il justifie d'une faute grave de l'intéressé ou de son impossibilité de maintenir ce contrat pour un motif étranger à l'arrivée de l'enfant. »

Article L. 3142-1 :

« Le salarié a droit, sur justification, à un congé :

1° Pour son mariage ou pour la conclusion d'un pacte civil de solidarité ;

2° Pour le mariage d'un enfant ;

3° Pour chaque naissance pour le père et, le cas échéant, le conjoint ou le concubin de la mère ou la personne liée à elle par un pacte civil de solidarité ;

3° bis Pour l'arrivée d'un enfant placé en vue de son adoption. Ce congé peut être pris dans un délai fixé par décret ;

4° Pour le décès d'un enfant, du conjoint, du concubin ou du partenaire lié par un pacte civil de solidarité, du père, de la mère, du beau-père, de la belle-mère, d'un frère ou d'une sœur ;

5° Pour l'annonce de la survenue d'un handicap, d'une pathologie chronique nécessitant un apprentissage thérapeutique ou d'un cancer chez un enfant. »

Article L. 4121-1 :

« L'employeur prend les mesures nécessaires pour assurer la sécurité et protéger la santé physique et mentale des travailleurs.

Ces mesures comprennent :

1° Des actions de prévention des risques professionnels, y compris ceux mentionnés à l'article L. 4161-1 ;

2° Des actions d'information et de formation ;

3° La mise en place d'une organisation et de moyens adaptés.

L'employeur veille à l'adaptation de ces mesures pour tenir compte du changement des circonstances et tendre à l'amélioration des situations existantes. »

Article L. 8224-1 :

« Le fait de méconnaître les interdictions définies à l'article L. 8221-1 est puni d'un emprisonnement de trois ans et d'une amende de 45 000 euros. »

Code de la consommation

Article L. 121-8 :

« Est interdit le fait d'abuser de la faiblesse ou de l'ignorance d'une personne pour lui faire souscrire, par le moyen de visites à domicile, des engagements au comptant ou à crédit sous quelque forme que ce soit, lorsque les circonstances montrent que cette personne n'était pas en mesure d'apprécier la portée des engagements qu'elle prenait ou de déceler les ruses ou artifices déployés pour la convaincre à y souscrire ou font apparaître qu'elle a été soumise à une contrainte. »

Article L. 121-9 :

« Est interdit le fait d'abuser de la faiblesse ou de l'ignorance d'une personne pour obtenir des engagements :

1° Soit à la suite d'un démarchage par téléphone ou télécopie ;

2° Soit à la suite d'une sollicitation personnalisée, sans que cette sollicitation soit nécessairement nominative, à se rendre sur un lieu de vente, effectuée à domicile et assortie de l'offre d'avantages particuliers ;

3° Soit à l'occasion de réunions ou d'excursions organisées par l'auteur de l'infraction ou à son profit ;

4° Soit lorsque la transaction a été faite dans des lieux non destinés à la commercialisation du bien ou du service proposé ou dans le cadre de foires ou de salons ;

5° Soit lorsque la transaction a été conclue dans une situation d'urgence ayant mis la victime de l'infraction dans l'impossibilité de consulter un ou plusieurs professionnels qualifiés, tiers au contrat. »

Article L. 121-10 :

« Est interdit le fait d'abuser de la faiblesse ou de l'ignorance d'une personne pour se faire remettre, sans contreparties réelles, des sommes en numéraire ou par virement, des chèques bancaires ou postaux, des ordres de paiement par carte de paiement ou carte de crédit ou bien des valeurs mobilières, au sens de l'article 529 du code civil. »

Article L. 221-15 :

« Le professionnel est responsable de plein droit à l'égard du consommateur de la bonne exécution des obligations résultant du contrat conclu à distance, que ces obligations soient exécutées par le professionnel qui a conclu ce contrat ou par d'autres prestataires de services, sans préjudice de son droit de recours contre ceux-ci.

Toutefois, il peut s'exonérer de tout ou partie de sa responsabilité en apportant la preuve que l'inexécution ou la mauvaise exécution du contrat est imputable soit au consommateur, soit au fait, imprévisible et insurmontable, d'un tiers au contrat, soit à un cas de force majeure. »

Article L. 221-18 :

« Le consommateur dispose d'un délai de 14 jours pour exercer son droit de rétractation d'un contrat conclu à distance, à la suite d'un démarchage téléphonique ou hors établissement, sans avoir à motiver sa décision ni à supporter d'autres coûts que ceux prévus aux articles L. 221-23 à L. 221-25.

Le délai mentionné au premier alinéa court à compter du jour :

1° De la conclusion du contrat, pour les contrats de prestation de services et ceux mentionnés à l'article L. 221-4 ;

2° De la réception du bien par le consommateur ou un tiers, autre que le transporteur, désigné par lui, pour les contrats de vente de biens. Pour les contrats conclus hors établissement, le consommateur peut exercer son droit de rétractation à compter de la conclusion du contrat. Dans le cas d'une commande portant sur plusieurs biens livrés séparément ou dans le cas d'une commande d'un bien composé de lots ou de pièces multiples dont la livraison est échelonnée sur une période définie, le délai court à compter de la réception du dernier bien ou lot ou de la dernière pièce.

Pour les contrats prévoyant la livraison régulière de biens pendant une période définie, le délai court à compter de la réception du premier bien. »

Article L. 221-28 :

« Le droit de rétractation ne peut être exercé pour les contrats :

1° De fourniture de services pleinement exécutés avant la fin du délai de rétractation et, si le contrat soumet le consommateur à une obligation de payer, dont l'exécution a commencé avec son accord préalable et exprès et avec la reconnaissance par lui de la perte de son droit de rétractation, lorsque la prestation aura été pleinement exécutée par le professionnel ;
2° De fourniture de biens ou de services dont le prix dépend de fluctuations sur le marché financier échappant au contrôle du professionnel et susceptibles de se produire pendant le délai de rétractation ;
3° De fourniture de biens confectionnés selon les spécifications du consommateur ou nettement personnalisés ;
4° De fourniture de biens susceptibles de se détériorer ou de se périmer rapidement ;
5° De fourniture de biens qui ont été descellés par le consommateur après la livraison et qui ne peuvent être renvoyés pour des raisons d'hygiène ou de protection de la santé ;

6° De fourniture de biens qui, après avoir été livrés et de par leur nature, sont mélangés de manière indissociable avec d'autres articles ;

7° De fourniture de boissons alcoolisées dont la livraison est différée au-delà de 30 jours et dont la valeur convenue à la conclusion du contrat dépend de fluctuations sur le marché échappant au contrôle du professionnel ;

8° De travaux d'entretien ou de réparation à réaliser en urgence au domicile du consommateur et expressément sollicités par lui, dans la limite des pièces de rechange et travaux strictement nécessaires pour répondre à l'urgence ;

9° De fourniture d'enregistrements audio ou vidéo ou de logiciels informatiques lorsqu'ils ont été descellés par le consommateur après la livraison ;

10° De fourniture d'un journal, d'un périodique ou d'un magazine, sauf pour les contrats d'abonnement à ces publications ;

11° Conclus lors d'une enchère publique ;

12° De prestations de services d'hébergement, autres que d'hébergement résidentiel, de services de transport de biens, de locations de voitures, de restauration ou d'activités de loisirs qui doivent être fournis à une date ou à une période déterminée ;

13° De fourniture d'un contenu numérique sans support matériel dont l'exécution a commencé avant la fin du délai de rétractation et, si le contrat soumet le consommateur à une obligation de payer, lorsque :

a) Il a donné préalablement son consentement exprès pour que l'exécution du contrat commence avant l'expiration du délai de rétractation ; et

b) Il a reconnu qu'il perdra son droit de rétractation ; et
c) Le professionnel a fourni une confirmation de l'accord du consommateur conformément aux dispositions du deuxième l'alinéa de l'article L. 221-13. »

Article L. 242-4 :

« Lorsque le professionnel n'a pas remboursé les sommes versées par le consommateur, les sommes dues sont de plein droit majorées du taux d'intérêt légal si le remboursement intervient au plus tard dix jours après l'expiration des délais fixés aux premier et deuxième alinéas de l'article L221-24, de 5 % si le retard est compris entre dix et vingt jours, de 10 % si le retard est compris entre 20 et 30 jours, de 20 % si le retard est compris entre trente et soixante jours, de 50 % entre soixante et quatre-vingt-dix jours et de cinq points supplémentaires par nouveau mois de retard jusqu'à concurrence du prix du produit, puis du taux d'intérêt légal. »

Article L. 131-1 :

« Tout manquement aux obligations d'information précontractuelle mentionnées aux 1° à 4° et 6° de l'article L. 111-1 et aux articles L. 111-2 et L. 111-3 est passible d'une amende administrative dont le montant ne peut excéder 3 000 euros pour une personne physique et 15 000 euros pour une personne morale.

Cette amende est prononcée dans les conditions prévues au chapitre II du titre II du livre V. »

Code monétaire et financier

Article L. 511-33 :

« I. – Tout membre d'un conseil d'administration et, selon le cas, d'un conseil de surveillance et toute personne qui à un titre quelconque participe à la direction ou à la gestion d'un établissement de crédit, d'une société de financement ou d'un organisme mentionné aux 5 et 8 de l'article L. 511-6 ou qui est employée par l'un de ceux-ci est tenu au secret professionnel.

Outre les cas où la loi le prévoit, le secret professionnel ne peut être opposé ni à l'Autorité de contrôle prudentiel et de résolution ni à la Banque de France ni à l'Institut d'émission des départements d'outre-mer, ni à l'Institut d'émission d'outre-mer, ni à l'autorité judiciaire agissant dans le cadre d'une procédure pénale, ni aux commissions d'enquête créées en application de l'article 6 de l'ordonnance n° 58-1100 du 17 novembre 1958 relative au fonctionnement des assemblées parlementaires. »

Code de commerce

Article L. 121-4 :

« I. – Le conjoint du chef d'une entreprise artisanale, commerciale ou libérale qui y exerce de manière régulière une activité professionnelle opte pour l'un des statuts suivants :

1° Conjoint collaborateur ;

2° Conjoint salarié ;

3° Conjoint associé.

II. – En ce qui concerne les sociétés, le statut de conjoint collaborateur n'est autorisé qu'au conjoint du gérant associé unique ou du gérant associé majoritaire d'une société à responsabilité limitée ou d'une société d'exercice libéral à responsabilité limitée.

Le choix effectué par le conjoint du gérant associé majoritaire de bénéficier du statut de conjoint collaborateur est porté à la connaissance des associés lors de la première assemblée générale suivant la mention de ce statut auprès des organismes mentionnés au IV.

III. – Les droits et obligations professionnels et sociaux du conjoint résultent du statut pour lequel il a opté.

IV. – Le chef d'entreprise est tenu de déclarer l'activité professionnelle régulière de son conjoint dans l'entreprise et le statut choisi par ce dernier auprès des organismes habilités à enregistrer l'immatriculation de l'entreprise. Seul le conjoint collaborateur fait l'objet d'une mention au registre du commerce et des sociétés, au registre spécial des agents commerciaux, au registre spécial des entreprises individuelles à responsabilité limitée et au registre national des entreprises.

À défaut de déclaration d'activité professionnelle, le conjoint ayant exercé une activité professionnelle de manière régulière dans l'entreprise est réputé l'avoir fait sous le statut de conjoint salarié.

À défaut de déclaration du statut choisi, le chef d'entreprise est réputé avoir déclaré que ce statut est celui de conjoint salarié.

IV bis. – Une personne ne peut conserver le statut de conjoint collaborateur pendant une durée supérieure à cinq ans, en tenant compte de l'ensemble des périodes et des entreprises au titre desquelles elle a opté pour ce statut. Au-delà de cette durée, le conjoint continuant à exercer une activité professionnelle de manière régulière dans l'entreprise opte pour le statut de conjoint salarié ou de conjoint associé. À défaut, il est réputé avoir opté pour le statut de conjoint salarié.

V. – La définition du conjoint collaborateur, les modalités des déclarations prévues au présent article et les autres conditions d'application du présent article sont fixées par décret en Conseil d'État »

Code général des impôts

Article 790 G :

« I. – Les dons de sommes d'argent consentis en pleine propriété au profit d'un enfant, d'un petit-enfant, d'un arrière-petit-enfant ou, à défaut d'une telle descendance, d'un neveu ou d'une nièce ou par représentation, d'un petit-neveu ou d'une petite-nièce sont exonérés de droits de mutation à titre gratuit dans la limite de 31 865 euros tous les quinze ans.

Cette exonération est subordonnée au respect des conditions suivantes :

1° Le donateur est âgé de moins de quatre-vingts ans au jour de la transmission ;

2° Le donataire est âgé de dix-huit ans révolus ou a fait l'objet d'une mesure d'émancipation au jour de la transmission.

Le plafond de 31 865 euros est applicable aux donations consenties par un même donateur à un même donataire.

II. – Cette exonération se cumule avec les abattements prévus aux I, II et V de l'article 779 et aux articles 790 B et 790 D.

III. – Il n'est pas tenu compte des dons de sommes d'argent mentionnés au I pour l'application de l'article 784.

IV. – Sous réserve de l'application du 1° du 1 de l'article 635 et du 1 de l'article 650, les dons de sommes d'argent mentionnés au I doivent être déclarés ou enregistrés par le donataire au service des impôts du lieu de son domicile dans le délai d'un mois qui suit la date du don. »

Code des assurances

Article L. 113-2 :

« L'assuré est obligé :

1° De payer la prime ou cotisation aux époques convenues ;

2° De répondre exactement aux questions posées par l'assureur, notamment dans le formulaire de déclaration du risque par lequel l'assureur l'interroge lors de la conclusion du contrat, sur les circonstances qui sont de nature à faire apprécier par l'assureur les risques qu'il prend en charge ;

3° De déclarer, en cours de contrat, les circonstances nouvelles qui ont pour conséquence soit d'aggraver les risques, soit d'en créer de nouveaux et rendent de ce fait inexactes ou caduques les réponses faites à l'assureur, notamment dans le formulaire mentionné au 2° ci-dessus. L'assuré doit, par lettre recommandée ou par envoi recommandé électronique, déclarer ces circonstances à l'assureur dans un délai de quinze jours à partir du moment où il en a eu connaissance ;

4° De donner avis à l'assureur, dès qu'il en a eu connaissance et au plus tard dans le délai fixé par le contrat, de tout sinistre de nature à entraîner la garantie de l'assureur. Ce délai ne peut être inférieur à cinq jours ouvrés. Ce délai minimal est ramené à deux jours ouvrés en cas de vol et à vingt-quatre heures en cas de mortalité du bétail.

Les délais ci-dessus peuvent être prolongés d'un commun accord entre les parties contractantes.

Lorsqu'elle est prévue par une clause du contrat, la déchéance pour déclaration tardive au regard des délais prévus au 3° et au 4° ci-dessus ne peut être opposée à l'assuré que si l'assureur établit que le retard dans la déclaration lui a causé un préjudice. Elle ne peut également être opposée dans tous les cas où le retard est dû à un cas fortuit ou de force majeure.

Les dispositions mentionnées aux 1°, 3° et 4° ci-dessus ne sont pas applicables aux assurances sur la vie. »

Remerciements

Je remercie tout d'abord mon éditeur, Thierry Billard, sans qui ce livre n'aurait pas vu le jour, ainsi que Sophie Charnavel, directrice des éditions Robert Laffont.

Pour l'admiration professionnelle et l'amitié que je leur porte, je remercie mes confrères : Me Patrick Maisonneuve, Me Olivier Pardo, Me Dominique Piwnica et Me Francis Szpiner.

Je remercie le bâtonnier Olivier Cousi, dont je salue ici la mémoire, ainsi que sa famille.

Table des matières

TROISIÈME PARTIE
Le couple

QUATRIÈME PARTIE
Le travail

CINQUIÈME PARTIE
L'argent

SIXIÈME PARTIE

La santé

Imprimé en France par CPI
en avril 2023

Composition et mise en pages
par Facompo Lisieux

#lisez! engagé
www.lisez.com
Pour plus d'information :
Imprimé sur du papier issu de forêts gérées durablement.

N° d'édition : 65166/01 – N° d'impression : 173737